© privat

İlker Deniz Yücel, 1973 als Kind türkischer Einwanderer in Flörsheim am Main geboren und seit Mai 2015 Türkei-Korrespondent der *Welt*. Hat an der Freien Universität Berlin Politikwissenschaft studiert und vor seinem Wechsel zur *Welt* als Redakteur der *tageszeitung* und zuvor der Wochenzeitung *Jungle World* sowie als freier Autor für verschiedene Medien gearbeitet. Mitgründer der preisgekrönten antirassistischen Leseshow *Hate Poetry*. 2014 erschien in der Edition Nautilus sein erstes Buch *Taksim ist überall – Die Gezi-Bewegung und die Zukunft der Türkei* (erweiterte Neuausgabe April 2017). Wurde 2011 mit dem Kurt-Tucholsky-Preis für literarische Publizistik und 2017 mit dem Theodor-Wolff-Preis ausgezeichnet. Im Februar 2017 wurde Deniz Yücel in Istanbul verhaftet und sitzt seither im Hochsicherheitsgefängnis Silivri Nr. 9. Dort heiratete er seine Lebensgefährtin, die Fernsehproduzentin und Lyrikerin Dilek Mayatürk.

DENIZ YÜCEL

WIR SIND JA NICHT ZUM SPASS HIER

REPORTAGEN, SATIREN
UND ANDERE GEBRAUCHSTEXTE
HERAUSGEGEBEN VON DORIS AKRAP
NAUTILUS FLUGSCHRIFT

Edition Nautilus GmbH
Schützenstraße 49 a
D-22761 Hamburg
www.edition-nautilus.de
Alle Rechte vorbehalten
© Edition Nautilus GmbH 2017
Deutsche Erstausgabe Februar 2018
Satz: Jorghi Poll, Wien
Umschlaggestaltung: Maja Bechert, Hamburg
www.majabechert.de
Druck und Bindung: Beltz Bad Langensalza GmbH
2. Auflage Februar 2018
ISBN 978-3-96054-073-1

Vorwort der Herausgeberin

Den 14. Februar halten Besserwisser für eine Erfindung der Blumenindustrie. Romantiker und Liebende stört das nicht. Am Tag der Liebenden 2017 ging Deniz Yücel auf das Polizeipräsidium in Istanbul, um zu erfahren, warum gegen ihn ermittelt werde. Dort wusste man zunächst von nichts, man hielt ihn vorsichtshalber trotzdem in Gewahrsam. Zwei Wochen später erfuhr er, dass es wegen seiner Texte war, und er wurde in Untersuchungshaft genommen. Seitdem hat er, Stand Januar 2018, sein Leben in einer Gefängniszelle verbracht. Die türkische Justiz hält seine journalistische Arbeit für »Terrorpropaganda und Volksverhetzung«.

Zwei der in diesem Buch nachgedruckten Texte dienen als Beweise dieser Anschuldigungen: das Interview mit dem Vizechef der PKK (»Ja, es gab interne Hinrichtungen«) und die Geschichte über den Machtausbau des türkischen Staatspräsidenten (»Der Putschist«). In anderen Ländern kriegt man für solche Texte Journalistenpreise. In der aktuellen Türkei kriegt man dafür Knast.

Für seine Fußball-WM-Kolumne »Vuvuzela« wurde Deniz Yücel 2011 der Kurt-Tucholsky-Preis verliehen. Seit er im Gefängnis ist, hat man ihm weitere deutsche Journalistenpreise in Abwesenheit verliehen, darunter den Theodor-Wolff-Preis. Fürs »Dummrumsitzen«, wie der inhaftierte Autor es in seiner unverwechselbaren Offenherzigkeit selbst formulierte. Das stimmt natürlich nicht ganz. Er hat die Preise zwar auch als Geste der Solidarität erhalten. Aber auch, weil in allen seinen Texten etwas durchschimmert, was niemand übersehen kann: So leidenschaftlich sind sie im Eintreten für Gerechtigkeit, so präzise in der Beschreibung der Widersprüche, die eine klare Trennung von Gut und Böse unterlaufen. Yücels Reportagen, Portraits, Interviews und Analysen aus der Türkei gehören in ihrer Genauigkeit und in ihrer Perspektive zu den differenziertesten journalistischen Beiträgen über dieses Land.

Und trotzdem sollte dieses Buch keines werden, das nur seine Beiträge aus der Türkei versammelt, sondern eine Auswahl seiner Texte aus der *Jungle World*, der *taz* und der *Welt* aus den vergangenen 13 Jahren. Es soll zeigen, dass dieser Journalist nicht nur da, wo Ungerechtigkeit und Machtmissbrauch jedem halbwegs Zurechnungsfähigen auffallen, genau beobachtet und präzise beschreibt, was falsch ist und was komisch. Es soll zeigen, dass er diese Gabe auch da nicht vernachlässigt, wo es vergleichsweise harmloser zugeht und wo die vermeintlich Verbündeten sitzen, in Deutschland, bei den Linken, bei den Ökos, bei den Journalisten.

Deniz Yücel ist ein Fan. Des Fußballs zum Beispiel. Oder des Fisches. Vor allem aber der Menschen. Deswegen ist er so kompromisslos und heftig in seiner Leidenschaft für sie, wie es nur Liebende sein können. Er glaubt an das Einzige, an das zu glauben sich lohnt, an ein großes Wunder: Menschen können sich verlieben. In einen anderen Menschen und in die Idee, dass das Leben ein besseres wäre, lebten wir alle in Freiheit und Gleichheit. Wie sonst könnte er noch mit so viel Empathie über die Bewohner des Landes schreiben, das vor und nach ihm Tausende ihrer Freiheit beraubt hat? Wie sonst könnte er über die Marotten der Deutschen so ironisch und beharrlich schreiben, wenn ihm diese nicht so sehr am Herzen lägen?

Entstanden ist die Auswahl der Texte für dieses Buch unter nicht anders als äußerst widrig zu bezeichnenden Umständen. Jeder Austausch von Argumenten, warum eher dieser oder eher der andere Text hinein sollte und dieser nicht, war auf jeweils wenige Zeilen, die wir über die Anwälte austauschen konnten, beschränkt. Allerdings hatte Deniz zuvor den Anwälten einen aus über 400 handgeschriebenen Seiten bestehenden Anmerkungsapparat mitgeben können. In diesen Seiten konnte ich während der Arbeit an diesem Buch immer wieder nachblättern, was der nicht nur in inhaltlichen, sondern auch in allen anderen Dingen aufs Genaueste arbeitende Autor zu den einzelnen Texten der Vorauswahl und anderen im Verlauf der Produktion des Buches möglicherweise auftauchenden Fragen meinen könnte. Selbst für den Fall, dass die türkische Regierung eine Uniform für politische Gefangene einführen würde, hatte er Überlegungen angestellt, wie es dann mit der Erstellung des Buches weitergehen könnte. Denn eine solche Uniform würde er ablehnen, auch wenn er dann seine Zelle gar nicht mehr würde verlassen können.

Die Entscheidung, dieses Buch zu machen, geht auch darauf zurück, dass nach Deniz' Verhaftung in der ganzen Republik große Lesungen seiner Texte stattfanden. Es war Jörg Sundermeier, der wenige Tage nach der Festnahme die Idee dazu hatte, die dann von Mely Kiyak, Aleksandar Živanoviç, Imran Ayata, dem Freundeskreis #FreeDeniz und anderen in Zusammenarbeit mit dem Festsaal Berlin, dem Schauspiel Frankfurt, den Münchner Kammerspielen, dem Uebel&Gefährlich in Hamburg und dem WDR in Köln organisiert wurden und immer wieder hunderte Zuhörer anzogen. Auch Buchhandlungen in Braunschweig, Autoren in Augsburg und Bürger in Bielefeld organisierten Lesungen. So manche Zuhörer hatten vor Yücels Inhaftierung keinen oder nur wenige seiner Texte gelesen. Sie wollten wissen, was dieser Mann so schreibt. Aber sie wollten auch etwas demonstrieren: Solidarität mit einem Journalisten, der seine Arbeit ordentlich gemacht zu haben schien. Und genau das taten auch die Lesenden: Johanna Adorjan, Friedrich Ani, Maxim Biller, Daniel-Dylan Böhmer, Jan Böhmermann, Silke Burmester, Else Buschheuer, Fatih Çevikollu, Daniel Cohn-Bendit, Dietmar Dath, Eva Demsky, Olli Dittrich, Franz Dobler, Carolin Emcke, Pegah Feridony, Leo Fischer, Jens Friebe, Michel Friedman, Thomas Gottschalk, Can Gülcü, Kübra Gümüsay, Paula Hans, Helene Hegemann, Paul Herwig, Till Hofmann, Halima Ilter, Matthias Lilienthal, Bascha Mika, Osman Okkan, Thomas von der Osten-Sacken, Annette Paulmann, Oliver Polak, Sven Regener, Andreas Rüttenauer, Bärbel Schäfer, Shahak Shapira, Yonca Şık, Alexander Skipis, Frank Spilker, Robert Stadlober, Margarete Stokowski, Uwe Timm, Canan Topçu, Özlem Topçu, Günther Wallraff, Klaus Walter, Oliver Welke, Christine Westermann, Ingo Zamperoni, Deniz' Abi-Jahrgang der Rüsselsheimer Gustav-Heinemann-Schule und Ilkay Yücel, die Schwester von Deniz.

Es gibt nur einen Grund, Leute wie Deniz Yücel wegzusperren: Man will sie zwingen, endlich die Klappe zu halten. Damit klar ist, dass daraus nichts wird, erscheint dieses Buch.

Doris Akrap, im Januar 2018

Für alle, die mich im Gefängnis nicht vergessen haben.
Beni hapiste unutmayanlara.

Scheißefinden und Besserwissen
Texte über Journalismus

Mach's gut, taz!

Es ist ein Vierteljahrhundert her, dass ich bei der *Main-Spitze*, dem Rüsselsheimer Lokalteil der *Mainzer Allgemeinen*, ein Praktikum absolvierte. Als ich dem betreuenden Redakteur Dirk Feuerriegel meinen ersten Artikel vorlegte – es ging um die Lesung einer Kinderbuchautorin –, wollte er wissen, warum ich Journalist werden wolle. »Ich will die Leute informieren«, antwortete ich, »ich will über Missstände aufklären, die Welt verändern«. Was man halt so sagt, wenn man 16 ist und glauben darf, die Antworten auf die großen Fragen der Menschheit gefunden zu haben.

Feuerriegel antwortete: »90 Prozent aller Journalisten sind Journalisten geworden, weil sie es toll finden, ihren Namen in der Zeitung zu lesen. Das ist in Ordnung, man sollte sich nur dessen bewusst sein. Darum beginnst du jeden Text damit, indem du deinen Namen hinschreibst.« Gleich nach den W-Fragen war dies meine zweite Lektion in Sachen Journalismus. Ich war so verblüfft, dass ich vergaß nachzufragen, was mit den übrigen zehn Prozent los ist.

Mein Betreuer hatte mich dazu aufgefordert, über das eigene Tun nachzudenken. Aber er war kein Zyniker und hatte nichts dagegen, das Schreiben in den Dienst des

Guten, Schönen und Wahren zu stellen. Das ist nämlich das Wunderbare an diesem Beruf: Weil man dabei helfen kann, die Dinge zu ordnen und zu verstehen. Weil man immer wieder in fremde Welten eintauchen und seine Leser dorthin mitführen kann. Weil man Dinge formulieren kann, über die andere Menschen sagen: »Sie haben meine Gedanken auf den Punkt gebracht.« Oder gar: »Sie haben Worte für meine Gefühle gefunden.« Nicht, weil man mit einem Artikel die Welt verändern könnte – das passiert nur in höchst seltenen Fällen. Aber dazu beizutragen, dass sich die Leserinnen und Leser hinterher etwas schlauer fühlen, ist schon viel wert. Und ihnen ein Lächeln ins Gesicht zu zaubern, nicht weniger.

Noch ein Privileg genießt man als Journalist: Man kann, wie es Stefan Ripplinger einmal formulierte, nach Herzenslust scheißefinden und besserwissen. »Die Frage, welcher der Töne ›besser‹ sei: Do, Re oder Mi, ist eine unsinnige Frage. Der Musikant muss aber wissen, wann und auf welche Taste er zu schlagen hat.« Dieses in einem anderen Zusammenhang gesagte Wort von Trotzki habe ich stets für eine gute Maxime beim Schreiben und Blattmachen gehalten.

Doch was wir Journalisten produzieren, ist keine Kunst, auch keine Philosophie. Es sind Gebrauchstexte mit begrenzter Haltbarkeit, verfasst aus dem Handgemenge. »Ärger dich nicht zu sehr über einen schlechten Text und bilde dir nicht zu viel auf einen guten ein – in die Zeitung von heute wird morgen Fisch eingewickelt«, lautet ein weiterer Satz in meinem Goldenen Notizbuch. Er stammt von meinem heutigen *taz*-Kollegen Maik Söhler, der einst bei der *Jungle World* zusammen mit Klaus Behnken meine Ausbildung fortführte.

Es geht nicht ohne Handwerk. Und es geht nicht ohne Haltung. »Es ist in Ordnung, beim Schreiben eine Haltung zu haben, man sollte sich nur dessen bewusst sein«, hätte Dirk Feuerriegel vielleicht gesagt. Wer eine neue Geschichte erzählen oder einen neuen Gedanken formulieren will, geht ein Risiko ein. Und wer etwas riskiert, kann auf die Fresse fliegen.

So gibt es einige wenige Texte, von denen ich wünschte, ich hätte sie geschrieben. Und es gibt einige Texte und Formulierungen, die ich besser nicht geschrieben hätte. Die Irrtümer und Fehler waren jedenfalls meine, nicht die der *taz*. Als Autor bin ich hier an keine unüberwindbaren Grenzen des Erlaubten gestoßen. Die *taz* ist das, was ihre Redakteure und Autoren aus ihr machen.

Eine gute Zeitung aber macht man mit Neugier, mit Leidenschaft und Lust und mit Teamwork. Ich jedenfalls hatte hier sehr viel mehr Spaß, ob beim Schreiben oder beim Blattmachen, bei der Arbeit mit Kollegen wie Kai Schlieter, Frauke Böger oder Daniel Schulz, mit Jan Feddersen bei allerlei Sonderprojekten, bei der Betreuung der Panter-Workshops oder bei der Leseshow Hate Poetry, die ich mit Doris Akrap, Ebru Taşdemir, Yassin Musharbash und Mely Kiyak vor über drei Jahren im *taz*-Café ins Leben rief. Für mich war die *taz* ein großer Spielplatz. Mit allem, was dazugehört: Abenteuer und Raufereien, Händchenhalten und Hundescheiße. Das Ziel: Für Sie eine gute Zeitung zu machen.

Dies ist nun mein letzter Text für die *taz*. Meine *taz*.

Ich gehe in Demut vor einer Zeitung, die in ihren besten Momenten eine der besten der Welt sein kann. Ich gehe in Dankbarkeit für eine aufregende Zeit, in freundschaftlicher Verbundenheit zu vielen Kolleginnen und Kollegen, und mit Respekt für die verstorbenen *taz*-Autoren

Christian Semler und Klaus-Peter Klingelschmitt, dessen Kolumnenplatz zu übernehmen ich die Ehre hatte.

Um es in Anlehnung an den heutigen *Spiegel-Online*-Redakteur Stefan Kuzmany zu sagen: Ich danke allen Leserinnen und Lesern, die es bedauern, dass ich die *taz* verlasse; allen, die sich darüber freuen, und allen, denen es egal ist. Ich danke für Ihre Aufmerksamkeit. Bleiben Sie der *taz* treu. Sie ist eine Gute.

Besser: So.

Du ergreifst Partei, so oder so

Wer als Journalist über die Türkei berichtet, handelt sich von Anhängern der regierenden Partei für Gerechtigkeit und Entwicklung (AKP) nicht nur schnell Beschimpfungen und Drohungen ein, sondern auch den Vorwurf, »parteiisch« zu berichten. Das sagen AKP-Fans mit Abitur, das sagen türkische Nationalisten, die jede Kritik für »Vaterlandsverrat« halten, und das sagen deutsche Fans der AKP, die immer noch um ihren Traum von einer muslimischen CDU kämpfen. Einer von ihnen ist Ruprecht Polenz, früher Bundestagsabgeordneter der CDU und heute hauptsächlich als Nervensäge im Internet und Ehrenvorsitzender des AKP-Freundeskreises Münsterland beschäftigt.

Den Wortwechsel mit ihm auf meiner privaten Facebook-Seite nehme ich nun zum Anlass für ein paar grundsätzliche Worte zur Frage: Wie halte ich es in der Türkeiberichterstattung mit der Parteilichkeit?

Dabei ist mir nicht die Kritik irgendwelcher Nervensägen aus dem Internet »über die Leber gelaufen«, wie

Polenz schrieb. Nein, das Einzige, was mir in der Wahlnacht durch die Leber floss, war Raki. Und das reichlich, im Kreis von Kolleginnen und Kollegen im Journalistenclub von Diyarbakır, wo für mich und meine Kollegin Özlem Topçu von der *Zeit*, mit der ich zur Wahlbeobachtung in der größten Stadt der kurdischen Region gereist war, diese Nacht endete.

Spätestens nach dem Bombenanschlag auf die Kundgebung der prokurdisch-linken Demokratiepartei der Völker (HDP) am Freitag hatten sich alle am Tisch die Frage gestellt, wie diese Nacht verlaufen würde: Tränengas, Schüsse und Bomben? Du hast solche Ängste, du besuchst noch am Abend vorher einige Anschlagsopfer im Krankenhaus – und dann das!

Am Tisch saß Ahmet Şık, der vielleicht beste investigative Journalist des Landes. Im Jahr 2011 war er wegen seines zu diesem Zeitpunkt noch gar nicht veröffentlichten Buches über die Gülen-Gemeinde unter dem Verdacht verhaftet worden, der angeblichen Putschistenorganisation »Ergenekon«, also dem »Tiefen Staat«, anzugehören. Plötzlich war er gemeinsam mit einigen Figuren angeklagt, denen man, allerdings aus anderen Gründen, tatsächlich den Prozess machen müsste – wegen Verbrechen, über die Şık seit den Neunzigerjahren unter Einsatz seines Lebens berichtet hatte.

Die Ermittlungen führten Staatsanwälte aus der Gülen-Gemeinde; Recep Tayyip Erdoğan, damals Ministerpräsident, verteidigte diese Prozesse, waren die Gülen-Leute und die AKP damals doch Verbündete. Der Kollege saß ein Jahr im Knast, das Verfahren ist weiter anhängig. Und während jene Staatsanwälte heute selber inhaftiert oder auf der Flucht sind, droht Şık die erneute Verhaftung – diesmal womöglich wegen Mitgliedschaft in der Gülen-Organisation. Absurd? Sicher. Aber nicht ausgeschlossen in Tayyipistan.

Am Tisch saß zudem ein Kollege von der Nachrichtenagentur *Doğan*, der davon überzeugt war, dass der gleichnamige Medienkonzern im Fall eines Wahlsieges der AKP enteignet worden wäre. Angesichts Erdoğans jüngsten Attacken keine paranoide Befürchtung – ebenso wenig wie die Sorgen von Şıks Kollegen von der *Cumhuriyet*, dass Erdoğan seiner persönlichen Strafanzeige gegen den Chefredakteur Can Dündar weitere Schritte folgen lassen und dieser traditionsreichen Zeitung den Garaus bereiten könnte. Von den Knastzerfahrungen der anwesenden Kollegen von kurdischen Medien will ich gar nicht erst anfangen.

Wer nicht versteht, warum für alle in dieser Runde die Wahl ein Freudentag war, ist bescheuert, korrupt, ideologisch verbohrter Anhänger eines Despoten oder alles auf einmal.

Lassen wir einmal alles Grundsätzliche beiseite, das jeder Journalismusstudent spätestens im Hauptseminar über das Gebot der »Objektivität« und den Unterschied zwischen notwendiger Distanz und ebenfalls notwendiger Haltung lernt, und bleiben bei der Türkei: Es gibt tausend Gründe, weshalb es im Sinne der Demokratie wäre, wenn die Clique um Erdoğan von der politischen Bühne abtreten würde. Dass sich unter der Herrschaft der AKP in der Vergangenheit einiges zum Besseren entwickelt hat, habe ich schon oft geschrieben. Aber die Gegenwart ist eine andere.

Dabei ist für mich die Korruption noch der geringste Grund. Viel wichtiger: Das Massaker der türkischen Luftwaffe im kurdischen Dorf Roboski im Jahr 2011. Die

Unterstützung der dschihadistischen Barbarei in Syrien. Die ständigen Ausfälle gegen säkulare Frauen, Aleviten, Armenier, überhaupt alles und alle, die nicht in seine Streichholzschachtelwelt aus Koranversen und Bauplänen passen. Die Opfer des Grubenunfalls von Soma und alle anderen Opfer tödlicher Arbeitsunfälle, die so zur Türkei der Gegenwart gehören wie der schwarze Tee und der weiße Käse. Die Toten und Schwerverletzten von Gezi, für die Erdoğan die politische Verantwortung übernommen hat (»Die Befehle kamen von mir«) und inschallah in nicht allzu ferner Zukunft sich auch vor Gericht wird verantworten müssen. Der 14-jährige Berkin Elvan, der dort von einer Tränengasgranate am Kopf getroffen wurde, nach neun Monaten im Koma, in denen er auf 16 Kilo abgemagert war, verstarb, und dessen Mutter Erdoğan von seinen Anhängern öffentlich ausbuhen ließ.

Diese Liste ließe sich fast endlos fortsetzen. Daher nur eine Sache noch: Die Drangsalierung der Presse hat dafür gesorgt, dass die Türkei im Ranking der Pressefreiheit inzwischen auf einem wohlverdienten 149. Platz rangiert, zwischen Birma und Russland.

Bei der Recherche zu meinem Buch *Taksim ist überall* sagte mir der Kollege Onur Erem von der Tageszeitung *Birgün*: »Bei Demonstrationen steht ein Teil der Journalisten hinter den Polizeireihen. Der andere Teil verfolgt das Geschehen aus der Perspektive der Demonstranten. Und die Polizei behandelt jeden, der ihr gegenübersteht, als Feind.« Und die Kollegin Pınar Öğünç, damals bei der *Radikal*, heute ebenfalls bei *Cumhuriyet*, meinte: »Um heutzutage in der Türkei als oppositioneller Journalist zu gelten, reicht es, einfach nur das zu berichten, was passiert.«

Du musst also nicht mal kommentieren. Du berichtest von den Auseinandersetzungen am Taksim-Platz, von den Bomben auf die Kundgebung der HDP in Diyarbakır und ergreifst damit Partei. Oder du berichtest nicht. Aber auch dann ergreifst du Partei. Jede Wette: Es gab am Sonntagabend keinen einzigen türkischen Journalisten, der ohne persönliche Anteilnahme seinen Dienst verrichtet hätte. Für die einen war es ein Tag der Freude, für die anderen ein Tag der Trauer. Und die meisten ließen es sich nicht nehmen, ihre Gefühle über ihre privaten Twitter-Accounts zu zeigen. (In der technikbegeisterten Türkei ist ein Journalismus ohne Twitter ungefähr so vorstellbar wie einer ohne Socken.)

Haltung ersetzt kein Handwerk, Journalismus braucht immer Distanz. Aber Journalisten, die nicht einmal dazu imstande sind, ihre ureigenen Freiheiten zu verteidigen – Freiheiten, von denen sie niemals nur um ihrer selbst willen Gebrauch machen, sondern damit, sofern sie ihre Arbeit richtig verrichten, eine gesellschaftliche Aufgabe erfüllen –, verraten ihren Daseinszweck. Sie sind Propagandisten aus Überzeugung oder aus Opportunismus und sollen alle bügeln gehen.

Wie schreibe ich einen Profimeinungskommentar?

Gazakrieg, Ukrainekrieg, Weltkrieg – ständig passiert etwas, bei dem Ihre Meinung gefragt ist. Aber wie kriegen Sie es hin, dass sich Ihr Kommentar nicht wie eine Dutzendmeinung aus dem Internet anhört, sondern wie ein Profimeinungskommentar? So geht's:

1. Einleitung: Beginnen Sie mit einer Einleitung, in der Sie den Sachverhalt (Nachricht) kurz wiedergeben (Profi-W-Fragen). Oder Sie nehmen einen packenden Einstieg: »Jetzt also doch.« »Angela Merkel hat ein Problem.« »Es ist was faul im Staate Niedersachsen.«

2. Gegenargumente: Überlassen Sie die Gegenargumente nicht Ihrem Gegner. Billigen Sie diesen eine gewisse Berechtigung zu: »Natürlich ist die Hamas …«

3. Überleitung: Ziehen Sie eine scharfe Linie zwischen den gegnerischen (falschen) und Ihren (richtigen) Argumenten. Nutzen Sie hierfür den Profi-Doppelpunkt: Dennoch Doppelpunkt. Trotzdem Doppelpunkt. Aber Doppelpunkt.

4. Sachkenntnisse: Lullen Sie Ihre Gegner mit Studien und Zahlen ein, unternehmen Sie Ausflüge in die Geschichte. Merke: Sie haben Ahnung, Ihr Gegner bloß eine Meinung. Aber: Fassen Sie sich kurz. Ein Kommentar ist keine Doktorarbeit.

5. Mäßigung: Meiden Sie extreme Meinungen und unsachliche Polemiken. Bleiben Sie kritisch, aber differenziert, seriös und gemäßigt.

6. Fragen: Formulieren Sie Fragen, bevor es ein anderer tut (»rhetorische Fragen«). Liefern Sie die Antworten gleich mit: »Darf man das? Man darf nicht nur, man muss sogar.«

7. Bilder: Benutzen Sie eine lebendige und anschauliche Sprache: »Das Tauziehen um alte Zöpfe ist eine Zitterpartie. Der Tanz ums Goldene Kalb wird erst beendet sein, wenn die heilige Kuh vom Eis ist. Der Poker um grünes Licht ist ein rotes Tuch.«

8. Vergleiche: Es muss nicht immer Hitler sein. Eine pfiffige Alternative ist der negierende Vergleich: »Frieden ist kein Wunschkonzert.« »Rentenpolitik ist kein Zuckerschlecken.« Auch pfiffig: die überraschende Gleichsetzung: »Das ist so originell wie Pommes mit Ketchup.«

9. Stammtischparolen: Werfen Sie Ihrem Gegner Stammtischparolen vor. Oder dass er populistisch argumentiert. Oder Klischees bedient. Oder eine Regel missachtet. Vergessen Sie nicht das passende Adjektiv: Stammtischparolen (dumpfe), Populismus (reiner), Klischee (billiges), Regel (goldene).

10. Krudismus: Geben Sie Ihrem Gegner den Rest, bezeichnen Sie seine Ansichten als krude. Der Höchstbietende gewinnt: krude, kruder, am krudesten.

11. Ironie: Seien Sie ruhig ein bisschen ironisch. Aber: Machen Sie Ironie kenntlich.

12. Schluss: Vermeiden Sie ein Anfängerende (»Bleibt zu hoffen, dass ...«), setzen Sie ein Profiende – mit Knaller und Profigedankenstrich: »Das ist ein strukturelles Problem – ohne einfache Lösungen.« Höchste Kunst: Verbinden Sie Schluss und Einstieg miteinander: »Kriege kommen und gehen – Kommentare aber bleiben bestehen.«

Besser: Sie fangen sofort an. Noch ist kein Meister vom Himmel gefallen.

Mathe für Ausländer
Texte über Deutsche und Ausländer

Aber wir nix Menscherecht

Alle sage: Kreuzberg sehr türkisch, Kreuzberg nix Deutsch, Klein-İstanbul. Auch isch glaubt das. Kollege in Türkiye, Kollege von Import-Eksport-Firma, hat er mir gesagt: Kreuzberg wie anatolisch Dorf, nur deutsche Staat sahle Kindergeld. Isch mach disch Kreuzberg! Isch sofort Ayşe und Zeynep und Safiye und Hafize rufe: Alle Kinder einpacke, nix vergesse, in Kreuzberg wir braucht alle! Nur Fatma sofort verkaufe, brauche Geld für Otobüs!

    Wir also mache Hochseit und dann mache Kreuzberg. Aber, mına koyyum, was das? Haben Deutsche Krieg oder was gemacht und alles kaputt, nix sauber, kar nix. Toiletten? Drause, ohne Wasser. (Affedersin, Schuldigung aber: Deutsche nix wasche Popo.) Bad? Nix kennen. Auberginen, Zucchini, Hammelbraten? Nix verstehn. Nur Schweinereien und Steckrüben. Haben Kollege gesagt: Ömer mache Gemüse, Osman mache Döner Kebap, Ali mache Haschisch und alle mache sauber.

    Und was macht Deutsche? Şerefsizler, immer doch da, immer noch keine Ehre und Haare an Achseln und Hund an Hand und stinke und spreche komik Sprak und könne kein Wort Türkisch und mache Problem.

    Vor Haus, wo meine Familie lebt, ist Kneipe Sum Sapfhahn. Weist du, isch liberal, tringe Bier und alles.

Aber in diese Kneipe kar nie Kollegen. Deutsch Bier, deutsch Tringer, deutsch Müzik, deutsch Frau, deutsch Stimmung. Verstehn, was das: deutsch Stimmung? Hilfe, Allahım, yarabbim! Wenn isch da rein und sage: Selamünaleyküm, sie sage was? Nix, wenn Glück.

Wenn isch sage deutsch Frau: Guten Tag, Frau Monika, sie kuck weg. Oder sage: Hau ab! Aleman Frau nix spreche mit Türke. In Kreuzberg gibt Spezial-Aleman-Frau, Öko-Frau. Die rede. Isch sage: Boncuk gözlüm, deine Augen strahlt wie Himmel blau. Sie sage: In Türkei viel Folter. Isch sage: Alles egal, wenn isch seh deine schöne Augen. Sie sage: Schlimm, viel Folter. Undsoweiter, ganse Tag, immer nur labern, labern, nix ficke.

Aufpasse: Was soll diese Name? Berg, gut, aber wir Muslim, nix Kreuz, besser Arafatberg oder Araratberg. Wenn wir wolle beten, müssen in Hof hinten – tövbe, tövbe, estağfurullah. Kuckst du, ganse Kreuzberg voll mit deutsch Polisei. Und wir musst sage: Guten Tag, Herr Polisei, alles klar, Herr Polisei, auf Wiedersehn, Herr Polisei! Was sucht hier deutsch Polisei? Wenn türkisch Polisei mache Ordnung in kurdisch Dorf, alles sage: Menscherecht, Menscherecht! Aber wir nix Menscherecht oder was?

Einmal isch gehe zu Muhtar von Kreuzberg, zu – wie heist? – Regierung. Was isch sehe? Maksimum zwei Kollege, andere alle Deutsch! Auch auf Sosyalamt und Finansamt und Alleamt. Sogar auf Ausländeramt: nix Ausländer, alle Deutsch. Und wenn sie sehen Türke, dann Deutsche glaube, sie Meister, wir Kanake. Warum Uno und Nato und Avrupa nix sage? Warum?

Isch deutsch Nachbar, alte Mann, Herr Blum. Wir immer Respekt für Alte. Aber diese Alte mache ganse Tag nix. Kein Besuch, kein bisschen setz sich, komme nie tringe Tee, immer warte. Wie alte Schakal. Warte, dass Kinder spiele oder wir tanse und singe. Weist du, ist Kind, müsse spiele, anlıyor musun, ist Mensch, müsse tanse, müsse singe, susamme lache und weine. Aber Deutsche nix verstehn. Rufe: Ordnung! Ordnung! Hausordnung! Dit is Deuschland hier! Herr Blum ist tot. Nur nix wisse. Mache uns auch tot.

Dann komme Ossis. Isch mein: Was suche hier? Wer Ossis reinlasse? Müsse jeder bleibe, wo er ist, sonst nur Problem. Jetzt kar nix Arbeit, nix Arbeit mit Papier, nix Arbeit privat, nur Problem. Wir müsse weg hier. Ayşe und Zeynep und Safiye und Hafize und Kinder, hört ihr, müsse weg! Hört ihr? Alo?

Mathe für Ausländer

Ich habe einen Deutschkurs besucht. Anfang der Achtzigerjahre, im hessischen Flörsheim am Main, wo sich meine aus der Türkei eingewanderten Eltern niedergelassen hatten. Es war die Zeit, als vielen Ausländern, namentlich den Türken, dämmerte, dass ihr Aufenthalt in Deutschland länger dauern würde, als alle, sie selber ebenso wie die Deutschen, anfangs angenommen hatten. So holten viele erst jetzt ihre Kinder nach, die sie zurückgelassen oder zu Verwandten geschickt hatten. Für diese Kinder gab es »Deutsch für Ausländer«.

Im Prinzip waren diese Kurse eine gute Sache, allemal besser als die separaten »Ausländerklassen«, die es zur selben Zeit beispielsweise in Berlin gab. (Jene Klassen hießen ganz offiziell so, anders als die quasi ausländerfreien Klassen oder gar Schulen, die es heute inoffiziell in Großstädten gibt und auf deren Elternabenden sich mindestens so viele Wähler der Grünen wie der CDU/CSU versammeln dürften.)

Bei uns gab es nur »Deutsch für Ausländer«. Dort saß ich und sollte Sätze wie »Mein Name ist Ali« aufschreiben. Nur verstand ich es nicht. Also den Stoff schon, nicht aber, weshalb er mir vorgesetzt wurde. Schließlich schrieb ich im regulären Deutschunterricht die besten Aufsätze und machte nur selten Fehler in Diktaten. Doch danach fragte keiner. »Deutsch für Ausländer« war Pflichtfach für alle Ausländer, ebenso wie der »Muttersprachliche Unterricht«, den es bei uns nur auf Türkisch gab.

Türkisch war auch meine Muttersprache, meine Schwester und ich sprachen nie Deutsch mit unseren Eltern. Kinder lesen, wenn ihre Eltern lesen, sagen Leute, die diese Dinge erforschen. Kinder lernen, wenn ihre Eltern mit ihnen reden. Und noch etwas sagen sie und können das mit ganzen Lastwagenladungen von Statistiken belegen: Mehr als in jedem anderen entwickelten kapitalistischen Land ist in Deutschland der schulische Erfolg der Kinder von der Bildung der Eltern abhängig.

Meine Eltern hatten in Jugoslawien, wo sie aufgewachsen waren, nur die Grundschule besucht. Dafür kam mein Vater Ende der Sechzigerjahre in İstanbul in Kontakt mit der 68er-Bewegung; über ihn politisierte sich auch meine Mutter, auch wenn sie nie so aktiv war wie er. Insbesondere für meinen Vater wurde der revolutionäre Kampf der Schlüssel zur Bildung: erst die Klassiker des Marxismus-Leninismus, dann türkische und internationale Literatur, Philosophie und Geschichte, schließlich – und in kritischer Absicht – Religion. Aber alles auf Türkisch.

Warum meine Eltern nur sehr wenig Deutsch gelernt haben – wobei mein Vater über den größeren passiven Wortschatz verfügt, während meine Mutter sich viel fließender unterhalten kann –, ist eine andere Geschichte. Für meine Schwester und mich war es jedenfalls entscheidend, *dass* in unserer Familie gelesen wurde. Lesende Arbeiter, im postnationalsozialistischen Deutschland eine exotische Erscheinung.

Nur Deutsch habe ich von ihnen nicht gelernt. Wie das passierte, weiß ich nicht. Ich weiß nur: Als ich in den Kindergarten kam, einen katholischen übrigens, sprach ich nur Türkisch. Bei der Einschulung war mein Deutsch bereits besser als mein Türkisch. In »Deutsch für Ausländer« war ich so gut platziert, wie es Bruno Pezzey oder Bum-kun Cha in meinem Verein DJK Schwarz-Weiss Flörsheim gewesen wären.

Für jene meiner türkischen, griechischen oder marokkanischen Mitschüler aber, die Sprachdefizite hatten, war dieser Kurs mit einem hohen Druck verbunden: Wem es nicht gelang, sich in kurzer Zeit für ausreichend befundene Deutschkenntnisse anzueignen, wurde in die Sonderschule abgeschoben, was damals nicht nur an meiner Schule so gewesen sein dürfte.

Den beiden älteren Schwestern meines besten Freundes Veysel war es so ergangen. Nun sollte auch er in die Sonderschule. Mit diesem Bescheid hatte sein Vater endgültig genug. Obendrein war er im Zuge der damaligen Baukrise arbeitslos geworden. Nach dem »Rückkehrhilfegesetz«, das die Kohl-Regierung bald nach Amtsantritt beschlossen hatte, ließen sich Veysels Eltern die »Rückkehrhilfe« sowie ihre eigenen Rentenbeiträge auszahlen und kehrten in die Türkei zurück. Heute arbeitet Veysel als Lehrer im kurdischen Diyarbakır. Auch seine Schwester Aysel wurde Lehrerin – sie unterrichtet in İstanbul Deutsch.

Doch auch für mich blieb »Deutsch für Ausländer« nicht ohne Erkenntnisgewinn. Ich lernte, dass es etwas gab, das mich von meinen Klassenkameraden unterschied. Sie waren Deutsche. Nicht, dass dieser Unterschied sonst keine Rolle gespielt hätte, wir verabredeten uns manchmal zu dem, was wir »Länderspiele« nannten: »Ausländer gegen Deutsche« auf dem Pausenhof. Aber das war Fußball, jeder konnte gewinnen, und das war nur manchmal. »Deutsch für Ausländer« war immer.

Dort aber lernte ich noch etwas: Dass man gegen Ungerechtigkeit Widerstand leisten kann. Konkret: dass man schwänzen kann. Gelangweilt vom Stoff und genervt von den frühmorgendlichen Extrastunden, begannen mein marokkanischer Freund Mustafa und ich, »Deutsch für Ausländer« fernzubleiben. »Unerhört!«, schimpfte Frau K., als sie davon erfuhr. Das sagte sie immer, wenn sie sich über etwas wirklich ärgerte, zischend und jede Silbe einzeln betonend: »Un-er-hört! Wir zahlen Steuern, damit ihr Deutsch für Ausländer besuchen könnt, und ihr schwänzt. Un-er-hört!«

Nur einmal sagte sie nicht »un-er-hört«: Als ich ihre Frage nach irgendwelchen hessischen Mittelgebirgen als Einziger richtig zu beantworten wusste, brüllte sie die Klasse an: »Schämt euch, der Türke weiß es besser als ihr!«

Doch Frau K. meinte es nicht böse mit mir, jedenfalls nicht immer. Zum Ende der vierten Klasse wollte sie mir eine Empfehlung fürs Gymnasium aussprechen. Sie besuchte sogar meine Eltern: »Ihr Sohn wäre der erste Türke, den wir aufs Gymnasium schicken«, sagte Frau K. Ich übersetzte es meinen Eltern, keiner am Tisch empfand diese Formulierung als despektierlich.

Meine Eltern überließen mir die Wahl. Ich aber hatte keine Lust, jeden Morgen früher aufzustehen und mit der S-Bahn nach Wiesbaden zu fahren. Das war nur was für die Streber. So kam ich nicht als erster Flörsheimer Türke aufs Gymnasium, sondern auf die örtliche Gesamtschule.

Eine echte Gesamtschule war das nicht, unterrichtet wurde in getrennten »Schulzweigen«, nur beim Sport, im Werken und in der Pause waren alle zusammen. Allerdings wurde erst ab der siebten Klasse getrennt. In den beiden unteren Jahrgangsstufen gab es nur in Mathe und Englisch nach Leistung getrennte Kurse. Ich war in beidem nicht so gut wie in Deutsch, für die A-Kurse reichte es trotzdem.

In der Zwischenzeit musste es sich bis ins Kultusministerium herumgesprochen haben, dass es Ausländerkinder gab, die Deutsch konnten. Womöglich zeigte sich der Einfluss der Grünen, die in dem Jahr, in dem ich auf die weiterführende Schule kam, in Hessen an die Regierung gelangten, ihre erste Beteiligung an einer Landesregierung überhaupt.

Warum auch immer, jedenfalls wurden die Ausländerkinder, die keine Sprachprobleme hatten, nun von der Teilnahmepflicht an »Deutsch für Ausländer« entbunden – und mussten stattdessen »Mathe für Ausländer« besuchen, auch die aus dem A-Kurs. Mathe für Ausländer! Nicht mal die Lehrerin nahm das ernst.

Ich habe keine Ahnung, was man sich im Ministerium dabei gedacht hat. Ich weiß aber, welche Wirkung spätestens diese Veranstaltung hatte: Stigmatisierung und Disziplinierung. *Othering* würden Anhänger des Postkolonialismus sagen. Wir bekamen das Gefühl: Wir sind anders. Wir sind Problemfälle, die einer Sonderbehandlung bedürfen. Und zwar alle.

Dieses Gefühl war also schon da, als die Anschläge und Pogrome der frühen Neunzigerjahre einsetzten. Prägende Erlebnisse. Doch ich war zuvor schon Hippie, dann Punk und Autonomer, »Integration« hat mich nie interessiert. Vielleicht ist das ja die größtmögliche Integration. So oder so, jedenfalls ist auch das eine andere Geschichte.

Danach, nach diesen furchtbaren Jahren nach der Wiedervereinigung, begannen die Dinge sich allmählich zum Besseren zu wandeln. Aber dieses Gefühl, einer Sonderbehandlung unterworfen zu werden, ist sofort wieder da, bei jeder bescheuerten Idee irgendwelcher Politiker, bei jeder zweiten Talkshow, bei der immergleichen Debatte über die sogenannte Integration. Das ist das eigentlich Fatale an solch schwachsinnigen Ideen wie zuletzt jener aus der CSU. Nicht dass man befürchten müsste, dies könnte ernst werden. Sondern das Gefühl, dass Mathe für Ausländer nie aufgehört hat.

»Ich geh ooch ma zum Döner«

Dresden am Montagabend. An die 15.000 Menschen haben sich zum Schweigemarsch der »Patriotischen Europäer gegen die Islamisierung des Abendlandes« (Pegida) versammelt. Deutschlandfahnen wehen im milden Abendwind, dazu ein paar Sachsenfahnen, einige Leute tragen Transparente wie »Keine Scharia in Europa«. Die Menge skandiert »Wir sind das Volk« und »Lügenpresse, Lügenpresse« – ein Wort, das man von rechtsextremen Aufmärschen kennt, wo es sich auf »auf die Fresse«

reimt. Bei Pegida geht es gemäßigter zu, »Lügenpresse« wird nur wiederholt. Es klingt auch so hasserfüllt.

Wer als Journalist über Pegida berichten will, hat es nicht leicht. Alle Kollegen, die dies in den vergangenen Wochen versucht haben, machten die Erfahrung, dass kaum einer der Demonstranten redet. Auch ich sehe Kollegen, die verzweifelt versuchen, Gesprächspartner zu finden. Zu den Journalisten gehöre ich heute nicht. Denn ich werde die Demo mitlaufen. Ich werde den Rednern applaudieren und einige Male sogar in den »Wir sind das Volk«-Chor einstimmen. In meiner Jacke klemmt eine kleine Deutschlandfahne, in der Tasche habe ich eine Legende: Ich komme aus Berlin und bin hier, weil ich mir selber ein Bild machen will. Weil man den Medien ja nicht trauen kann.

Die Ersten, die ich anspreche, sind zwei Frauen Ende dreißig. Sie haben sich in Deutschlandfahnen gehüllt, unter ihren Schals blinken dunkelrote Lichter, die an die Teufelshörnchen erinnern, die AC/DC-Fans gern tragen. Die eine hat ihre wasserstoffblonden Haare zu einem Zopf gebunden, die andere hat reichlich Parfum aufgetragen, eher Rossmann als Chanel.

Sie finden es gut, dass ich mich nicht auf die Medien verlassen möchte. Die würden ja alle zu Nazis abstempeln. Zu Unrecht? »Guck dich doch mal um, wir sind ganz normale Leute«, sagt die Wasserstoffblonde in breitem sächsischen Akzent. »Wir sind für unsere Kultur und unsere Sitten, wir wollen, dass sich die Ausländer integrieren«, ergänzt ihre Freundin. Ich antworte, dass ich aus Berlin komme. Das genügt, um sie erschaudern zu lassen. »Du Ärmster«, sagt eine. »Wir demonstrieren dafür, dass es in Dresden nicht erst so weit kommt wie in Neukölln. Bei 50 Prozent Ausländern ist es zu spät.«

Ich frage noch mal nach den Nazis. »Hier sind vielleicht 20, 25 Nazis, mehr nicht«, meint Rossmann N° 5. Und woran erkennt man die? »Die rufen ›Ausländer raus!‹ Aber die Orga-Leute achten darauf, dass das keiner macht. Und ich seh das ja auch nicht so, ich geh ooch ma zum Döner.«

Dann beginnt die Kundgebung. Zuerst spricht Lutz Bachmann, der Wortführer von Pegida. Er geht die Politiker durch, die in der vergangenen Woche Pegida kritisiert haben, von Bundespräsident Joachim Gauck über Justizminister Heiko Maas bis zur Dresdener Oberbürgermeisterin Helma Orosz. Eine Art kommentierte Presseschau, wobei die Menge schon bei der bloßen Nennung der Namen »Pfui!« ruft. Merkel habe von Abstiegsängsten geredet, sagt Bachmann und lacht. »Abstiegsängste werden in Zukunft ganz andere bekommen!«, ruft er, »Jawoll!«, schallt es zurück.

Dann tritt Kathrin Oertel vom Pegida-Führungsteam ans Mikrofon. Sie wiederholt die Devise, nicht mit der Presse zu sprechen: »Kein Wort zu den Hetzern, die sich unter uns verborgen haben.« Die Zuhörer johlen und klatschen. Schließlich spricht eine Frau aus Chemnitz. »Wir wollen friedlich und im Dialog bleiben«, sagt sie und zum ersten Mal ist in der Menge Unmut zu spüren. Aber sie kriegt die Kurve: »Ganz Deutschland schaut auf euch, ihr hier in Dresden seid die Hoffnung für Hunderttausende.« Das kommt wieder gut an.

Bei der Stelle mit dem Dialog hatte ein Mittzwanziger gerufen: »Das geht mit denen nicht!« Dabei hatte die Rednerin gar nicht erwähnt, wer »die« sind. Doch hier genügen offenbar Andeutungen. Der Mann, der mit »denen« keinen Dialog für möglich hält, hat eine Bierflasche in der Hand, seiner Fahne nach zu urteilen ist es nicht seine erste. Er steht mit einer Gruppe von Freunden zusammen: Kapuzenjacken, kahl geschorene Schädel, Tätowierungen. Sind sie Nazis? »Hier sind keine Nazis«, antwortet der mit der Alkoholfahne. »Ich bin Maler, hier gibt es Professoren, Polizisten, Hausfrauen – alles.« Offenbar gilt hier Nazi als eigener Beruf.

Inzwischen hat sich der Demonstrationszug in Bewegung gesetzt. Es geht durch dunkle Nebenstraßen, gelegentlich sieht man aus der Ferne die Gegendemonstranten. Mehrere Tausend sollen es sein. Ineinander eingehakt läuft ein Pärchen um die 50. Er mit schickem Seidenschal, sie im eleganten Mantel. Sie könnten auf dem Weg in die Semperoper sein, sind aber aus Erfurt zur Pegida-Demonstration angereist.

»Es gibt keine Partei mehr, die Politik für das Volk macht, außer vielleicht der AfD«, sagt die Frau und ist zufrieden, dass heute auch der stellvertretende AfD-Vorsitzende Alexander Gauland mitläuft. »Es ist alles wie 1989«, sagt ihr Mann. »Das Volk ist wieder auf der Straße, während die Herrschenden und ihre Propagandaorgane verzweifelt versuchen, uns zu diffamieren. Aber ich sehe hier keine Nazis.« Die Rednerin aus Chemnitz hatte das Wort »diffamieren« erst im dritten Versuch fehlerfrei ausgesprochen, dieser Herr meistert es ohne Mühe.

Ein paar Meter weiter läuft ein anderes Pärchen: Sie trägt eine schwarze Bomberjacke und Piercing an den Augenbrauen, er ist Mitte dreißig in grauer Armeejacke, mit Glatze und Vollbart. Typ Nazi-Türsteher, könnte man vermuten. »Klar bin ich Nazi, wir sind alle Nazis«, sagt er grinsend, seine Freundin lacht. Meint er das ernst? »Ach, hör mir uff, du brauchst bloß sagen, du bist deutscher Patriot und schon kommen die mit der Nazikeule.« Wer sind denn die? »Na die Medien und die Volksverräter, die sich Volksvertreter nennen.« »Die echten Nazis sind die Salafisten mit ihrer Scharia«, ergänzt seine Freundin. »Und die linken Deutschlandhasser.«

Der Demonstrationszug ist inzwischen zum Halten gekommen. Was da los ist, will ich von einem Mittvierziger in brauner Lederjacke wissen. »Vielleicht wieder eine Sitzblockade von Linken. Oder Journalisten, die mit ihren Autos den Weg zugeparkt haben.« Einen guten Ruf haben Journalisten hier wirklich nicht. »Die wollen uns für dumm verkaufen«, sagt er. »Aber das geht heutzutage nicht mehr so einfach. Es gibt das Internet – und es gibt ein paar mutige Leute, die die Wahrheit aufschreiben. Udo Ulfkotte oder Thilo Sarrazin. Ich habe überprüft, was der geschrieben hat, da stimmt alles. Alles Fakten«, sagt er und blickt mich an, als sei der Name Sarrazin ein Gesinnungstest.

»Ja, der hatte viele Zahlen«, antworte ich und bestehe den Test. »Du siehst: Wir sind ganz normale Leute. Wie 1989. Auch damals hat alles eigentlich in Dresden angefangen, nicht in Leipzig, wie das später verdreht wurde.« Ich merke: In dieser Welt wimmelt es nur so von »Verdrehungen«. Zum Beispiel: Putin (findet man gut). Oder den Euro (findet man nicht gut).

Aber ist das heutige politische System nicht ein ganz anderes als das der DDR? »Ich wurde damals sogar verhaftet. Aber heute denke ich: Im Vergleich zum BRD-System war die DDR harmlos. Die Herrschenden heute sind viel schlauer. Und sie hassen Deutschland. Die DDR war nicht so antinational. Und wir sind dort sehr behütet aufgewachsen.«

Die Menge vertreibt sich die Zeit mit dem Singen der Nationalhymne. Dass die Route diesmal kürzer ist und von der Abschlusskundgebung nur wegen technischer Probleme noch nichts zu hören ist, dringt nicht bis zu uns durch. Hier glaubt man an eine Störung durch Gegendemonstranten. »Das waren beim letzten Mal höchstens 2.000, keine 10.000, wie die Medien geschrieben haben«, sagt eine Frau Anfang dreißig. Mit ihren weinrot gefärbten, langen Haaren und der engen roten Jacke würde sie unter den Gegendemonstranten nicht auffallen. »Für mich sind das bezahlte, arme Schweine. Die kriegen zehn Euro die Stunde.« Woher sie das weiß? »Steht offiziell im Internet.«

»Und die Leute hier? Sind die alle in Ordnung?«, frage ich und füge hinzu: »Mit Nazis will ich nichts zu tun haben, die haben genug Unheil über unser Land gebracht.« Jetzt übernimmt wieder der freundliche Mann in der Lederjacke das Wort: »Wenn man da ins Detail geht, wird man sehen, dass da auch nicht alles so war, wie es immer heißt. Ich sag mal: Wir Deutschen waren immer die Gearschten, beim Ersten Weltkrieg, beim Zweiten und heute wieder.«

Inzwischen hat Bachmann mit der Abschlussrede begonnen, unser Gespräch wird immer wieder durch Sprechchöre unterbrochen. Aber wenn nicht Hitler Schuld war am Krieg, wer dann? »Die Sieger schreiben die Geschichte«, sagt die Frau. Dann ergänzt der Mann: »Es gab eine bestimmte Interessengruppe. Die war damals mächtig und ist es heute auch. Du musst nur ein bisschen nachforschen, dann wirst du es selber herausfinden. Ich sag nur: Jeder kennt sie.«

Jetzt ist Bachmann fertig und ruft wie immer zum Schluss die Teilnehmer dazu auf, ihre Telefone zu zücken.

Tausende Handys leuchten in den Dresdner Abendhimmel. Nazihandys wurden keine gesichtet.

Liebe N-Wörter, ihr habt 'nen Knall

Samstagnachmittag auf dem *taz*-Kongress. Unter dem Titel »Meine Damen und Herren, liebe N-Wörter und Innen« diskutieren die Kolumnistin und Publizistin Mely Kiyak, der *Titanic*-Chefredakteur Leo Fischer sowie die Autorin und Aktivistin Sharon Otoo über Diskriminierung, Ästhetik und Sprache. Alle auf dem Podium wissen um den Zusammenhang von Sprache und Herrschaft, niemand bestreitet das Fortleben von Rassismus. Dennoch kommt es kurz vor Schluss zum Eklat.

Gut zwanzig Leute versuchen zu verhindern, dass der Moderator (ich) eine Passage aus einem historischen Dokument vorträgt. Die Gruppe beginnt einen Tumult, brüllt und wird von einem die Contenance nicht mehr ganz wahrenden Moderator (auch ich) niedergebrüllt (»Geht bügeln!«). Schließlich verlässt die Gruppe den Raum. Sharon Otoo, mit der zuvor abgesprochen war, dass das inkriminierte Wort in Zitaten verwendet werden würde, geht ebenfalls. Bei dem Text, mit dem der Moderator (wieder ich) den Ärger der vornehmlich studentischen Aktivisten auf sich zieht, handelt es sich um die berühmte Rede von Martin Luther King aus dem Jahr 1963: »But one hundred years later the Negro still is not free.« In der Übersetzung der amerikanischen Botschaft: »Aber einhundert Jahre später ist der Neger immer noch nicht frei.«

Noch mal: Antirassistische Aktivisten wollen verhindern, dass aus einer Rede, dass aus *der* Rede von Martin

Luther King zitiert wird. Sie kreischen den Moderator (immer mich) an: »Sag das Wort nicht! Sag das Wort nicht!«

Schon zuvor halten sich einige dieser Aktivisten krampfhaft die Ohren zu, als der Moderator (also ich) aus einem saudummen Text von Adorno vorliest sowie die umstrittene Passage aus Otfried Preußlers Kinderbuch *Die kleine Hexe*, wobei das Wort »Negerlein« fällt. Ein zwangsneurotisches Verhalten, das man weniger bei aufgeklärten Menschen, Intellektuellen gar, vermuten würde und das an ganz andere Leute erinnert: An katholische Nonnen, die versehentlich auf Youporn gelandet sind (»Weiche, Satan!«). Oder an Hinterwäldler in Pakistan, die mit Schaum im Bart und Schuhen aus Autoreifen an den Füßen gegen Karikaturen protestieren (»Death to Amerikka!«).

Ähnlich ist nicht nur der religiöse Abwehrreflex, ähnlich ist auch der inquisitorische Furor, mit dem man zu Werke geht. In diesem Zusammenhang also: Das Wort »Neger« ist schlimm, schlimm, schlimm und muss weg, weg, weg. Und zwar ganz egal, ob in Astrid Lindgrens *Pippi Langstrumpf*, einem Buch, das, Mely Kiyak hat zuerst darauf hingewiesen, von einem kolonialistischen Weltbild durchzogen ist, welches sich nicht dadurch wegretuschieren lässt, indem man »Negerkönig« durch »Südseekönig« ersetzt. Oder in Mark Twains *Huckleberry Finn*, einem antirassistischen Roman, dessen Figuren zwar so reden, wie man Ende des 19. Jahrhunderts in den Südstaaten geredet hat, in dem das Wort »Nigger« aber vor allem eines ist: eine Anklage gegen die Sklavenhaltergesellschaft.

Diese Leute haben keinen Respekt vor der Authentizität von Texten, am wenigsten bei Kinderbüchern – als ob diese, Bettina Gaus hat dies bereits geschrieben, keine Literatur wären. Für diese Leute spielt es auch keine Rolle, zu welchem Zweck jemand die inkriminierten Vokabeln benutzt.

Und inzwischen ist es auch egal, ob man das Schimpfwort »Nigger« mit einem Bann belegt und als »N-Wort« umschreibt, oder das Wort »Neger«, welches eben nicht – siehe Martin Luther King – dieselbe Begriffsgeschichte aufweist. Literatur wird auf den Inhalt reduziert, dem man wiederum mit Tippex auf die Pelle rückt. Diese Leute sind sich nicht einmal zu blöd, Zitate zu säubern und Texte, die sie auf ihren Blogs verlinken, mit »Triggerwarnungen« zu versehen (»Text ist mit Triggerwarnung: N-Wort einmal in Anführungszeichen, 1. Absatz«).

So, wie sie eine inhaltistische Auffassung von Kunst haben, so unempfänglich sind sie für subversive Strategien wie Satire, Aneignung und Umdeutung. Man kann sich gut vorstellen, wie diese Tippex-Intellektuellen versuchen, einem Dr. Dre auseinanderzusetzen, er möge rückwirkend den Namen seiner stilbildenden HipHop-Crew in »N-Words with Attitude« umbenennen und die Lyrics umschreiben (»I'm a muthafuckin N-Word«). Oder wie sie auf David Simon einreden, er möge den jugendlichen Drogendealern in *The Wire* eine anständige Sprache verpassen (»Fuck them West Coast N-Words. 'Cuz in B-more, we aim to hit a N-Word, ya heard«).

Das Credo dieser Leute, die sich etwa in der »Initiative Schwarze Menschen in Deutschland« organisiert haben und die beanspruchen, für alle »people of colour« zu sprechen, wo sie in Wirklichkeit – den Funktionären von Islam- oder Vertriebenenverbänden ganz ähnlich – für nur wenig mehr als sich selber sprechen, lautet: »Ich bin schwarz, darum weiß ich Bescheid. Du bist nicht schwarz, darum weißt du nicht Bescheid. Mehr noch: Du bist weiß. Darum kann und wird alles, was du sagst, gegen dich verwendet werden.«

Die Kränkung, die diese Leute empfinden, wenn in einem historischen Text das Wort »Neger« fällt, ist echt. Aber der Trick ist: Man tut so, als sei die eigene Meinung unmittelbar von der Hautfarbe abgeleitet. Man maximiert das Ich, unterschlägt aber, dass zu diesem Ich eine Weltsicht gehört, die für die Deutung von Begriffen und Sachverhalten ungleich wichtiger ist: Ich fühle mich von dem Wort »Negerlein« in einem 50 Jahre alten Kinderbuch so verletzt, weil das meinem Weltbild entspricht. Das ist Ideologie, nicht Gefühl.

Es ist das Auftreten selbstherrlicher Subjekte, die die Integrität ihrer Person und die Unbestechlichkeit ihrer Urteile per Definition für sich reklamieren. Ich bin Opfer, Opfer, Opfer, und habe darum recht, recht, recht. Und wenn gar nichts mehr hilft, dann gibt es immer noch das Prenzelberg-Argument: Man muss doch die armen Kinder beschützen!

Eingebettet ist dieses Ich in eine Ideologie, die sich *critical whiteness*, »Kritische Weißseinsforschung«, nennt und deren Programm man mit dem Titel einer Sendung im Zonenfernsehen zusammenfassen kann: *Täter, Opfer, Polizei*.

Demnach ist alle Geschichte Kolonialgeschichte, egal ob in den USA, Großbritannien oder Deutschland. Und darin sind Täter und Opfer, Gut und Böse sauber verteilt. Dass das Leben in den betreffenden Ländern vor der Kolonialisierung, nun ja, auch kein Zuckerschlecken war, spielt keine Rolle; ebenso wenig der Umstand, dass durch den Kolonialismus die Menschen in der Dritten

Welt auch ein philosophisch-politisches Instrumentarium in die Hände bekamen, das sie gegen die Kolonialherren wenden konnten. Weder interessiert, dass in einigen arabischen Ländern die Sklaverei bis ins 20. Jahrhundert erlaubt war, noch schert man sich um postkoloniale Konflikte, bei denen kein westlicher Staat mitmischte. So ist der von Deutschen verübte Genozid an den Herero im heutigen Namibia eine wichtige Referenz, am Völkermord in Ruanda hingegen interessiert allenfalls die koloniale Vorgeschichte. Es geht, um es in Anlehnung an Jule Karakayalı und ihren Mitautoren zu sagen, nicht um Politik, sondern um Moralisierung; nicht um Kritik, sondern um Denunziation.

Die Gruppe, die die *taz*-Veranstaltung zu sprengen versuchte, war vielleicht zur Hälfte dunkelhäutig. Die andere, besonders hysterischere Hälfte bestand aus käsebleichen Student_innen* aus Hildesheim oder Heppenheim, die etwas gefunden haben, um ihr Langweilerleben aufzupeppen und die sich lange genug in Seminaren und auf politischen Veranstaltungen in »Selbstpositionierung« geübt haben – in stalinistischen Parteien hieß dieses Ritual »Kritik und Selbstkritik« –, die also in endlosen Vorträgen Auskunft über sich, ihre Hautfarbe, ihre sexuelle Orientierung usw. gegeben haben, sodass sie mit noch größerer Empörung an die Sache gehen können. Auch dieses Phänomen ist aus anderen Zusammenhängen geläufig: Von »Kinderschützern« etwa. Oder den Bewunderern der Singularität, wie sie Wolfgang Pohrt einmal genannt hat, die sich mit den ermordeten europäischen Juden in eins setzen und deren liebstes Smalltalk-Thema der Holocaust ist.

Aber gut, man braucht nicht so tun, als würden diese Leute die politische Kultur gefährden. Sie haben halt etwas gefunden, mit dem sie vorzugsweise als Dozenten für Gender Studies oder Kulturwissenschaft ihren Lebensunterhalt bestreiten können. Die Integrationsindustrie hat viele Jobs zu vergeben, für gewerbliche Opfer wie für gewerbliche Kritiker.

Nur haben die Critical-Whiteness-Spinner an einigen Fachbereichen die Nachfolge des trotzkistischen »Linksruck« oder der K-Gruppen noch früherer Tage angetreten: geschlossenes Weltbild, Auftritte in Rudelform, uniforme Redebeiträge und die totalitäre Unfähigkeit, etwas zu ertragen, das nicht der eigenen Weltanschauung entspricht. Aber wo sie sich schlecht benehmen, wie im vorigen Jahr auf dem antirassistischen »No-Border-Camp« in Köln oder eben auf dem *taz*-Podium, wo Leo Fischer schon beim ersten Satz niedergebrüllt wurde, muss man ihnen Grenzen setzen.

Dennoch wäre es eleganter gewesen, wenn der Moderator (also ich) auf Gebrüll nicht mit Gebrüll reagiert hätte und stattdessen der Forderung der Aktivisten nachgekommen wäre. Dann hätte ich nämlich Folgendes vorlesen können: »Aber einhundert Jahre später ist das N-Wort immer noch nicht frei. Einhundert Jahre später ist das Leben des N-Worts leider immer noch von den Handfesseln der Rassentrennung und den Ketten der Diskriminierung eingeschränkt. Einhundert Jahre später lebt das N-Wort immer noch auf einer einsamen Insel der Armut in der Mitte eines weiten, weiten Ozeans des materiellen Wohlstandes.« We shall overdone.

Besser: Man wahrt Contenance.

Verfassungsschutz braucht Schutz

Der Verfassungsschutz Sachsen warnt: »Rechtsextremisten bieten sich gerne als Unterstützer bei Organisation und Durchführung asylkritischer Veranstaltungen an und beabsichtigen dadurch, Einfluss auf Ziel und Art des Protestes zu gewinnen.« Das muss den Menschen draußen im Lande ja jemand sagen. Sonst gehen sie am Ende im besten Wissen und Gewissen auf eine asylkritische Veranstaltung, rufen unbedarft ein paar asylkritische Parolen und werfen auf dem Heimweg ein paar asylkritische Brandsätze, ohne zu ahnen, wer da sonst so mitmischt.

Aber es gibt da noch viel mehr: Islamisten, die israelkritische Kundgebungen zu beeinflussen versuchen. Salafisten, die sich an satirekritische Kampagnen dranhängen. Christliche Fundamentalisten, die schwulenkritische Bestrebungen unterwandern wollen. Islamhasser, die islamkritische Internetblogs aufmischen. Rassisten, die sich in migrationshintergrundkritischen Parteien tummeln. Populisten, die einwanderungskritische Bestsellerautoren vor ihren Karren zerren wollen. Extremisten aller Art, die die freiheits- und demokratiekritischen Sorgen besorgter Bürger kapern. Nicht zu vergessen die Linksextremisten, die versuchen, bushaltestellenkritische Demonstrationen zu instrumentalisieren – okay, die hat der Verfassungsschutz stets fest im Blick.

Auch bei den dönerkritischen Anschlägen des NSU hat der Verfassungsschutz keineswegs geschlafen. Er war hautnah dran, im Internetcafé in Kassel zum Beispiel. Allenfalls hat er es versäumt, rechtzeitig darauf hinzuweisen, dass womöglich Neonazis bei diesen imbisskritischen Aktivitäten eine gewisse Rolle spielen könnten.

Doch der Verfassungsschutz muss Prioritäten setzen. Und die Behörde hat ihr Missgeschick ja letztlich eingesehen und mit einer gezielten aktenkritischen Aktion die Sache aus der Welt geräumt. Und bei dieser Hamburger Wohngemeinschaft mit diesem wolkenkratzerkritischen Mohammed – nun, da hat ja niemand was geahnt, wie auch?

Mögen nun anlässlich der Strafanzeige gegen das Blog *Netzpolitik* verfassungsschutzkritische Querulanten wieder darüber streiten, ob es sich beim Verfassungsschutz um die dümmste oder die gefährlichste Behörde Deutschlands handelt, lautet die Wahrheit: Die Verfassung braucht Schutz, sonst ist sie ungeschützt. Doch auch der Verfassungsschutz braucht Schutz, um seine verfassungsmäßige Aufgabe zu erfüllen und die Verfassung zu schützen, die sonst schutzlos wäre. Und dafür muss der Verfassungsschutz alle nötigen Mittel (V-Leute, Google) uneingeschränkt einsetzen können. Es ist bezeichnend, dass ausgerechnet diejenigen, die gar nicht genug Umwelt-, Daten- und Minderheitenschutz kriegen können, beim Thema Verfassungsschutzschutz so kläglich versagen.

Kurz: Hätte es schon 1933 einen Verfassungsschutz gegeben, er hätte davor gewarnt, dass Rechtsextremisten judenkritische Kundgebungen für ihre Absichten ausnutzen wollen. Und alles wäre gutgegangen.

Die Welt ist kein Zoo

Arzu Özmen wurde von ihren Geschwistern ermordet. Im November 2011 verschleppten sie die 18-Jährige aus der Wohnung ihres Freundes Alexander in Detmold. Angeblich wollten sie sie zu einem Onkel in Hamburg bringen, zwei Monate später wurde Arzus Leiche in einem Waldstück bei Lübeck gefunden. Man hatte sie mit zwei aufgesetzten Kopfschüssen hingerichtet.

Für das Landgericht Detmold ein klarer Ehrenmord. In der vorigen Woche fiel das Urteil: Lebenslänglich für den Todesschützen Osman, zehn Jahre Haft für den Bruder Kirer und die Schwester Şirin, die im Auto mitfuhren, fünfeinhalb Jahre für die Brüder Kemal und Elvis, die nur anfangs beteiligt waren.

In der *taz* war über das Schicksal der Arzu Özmen bislang nur Folgendes zu lesen: Polizei bittet die Türkei um Amtshilfe (20 Zeilen), vermisstes Mädchen tot aufgefunden (31 Zeilen), Prozessbeginn (64 Zeilen), Urteilsverkündung (90 Zeilen, nur online). Kein Porträt, kein Kommentar, überhaupt kein eigener Text, ausschließlich Agenturmeldungen.

Nun muss man darin nicht unbedingt einen Vorsatz sehen. Die Frage, ob, wie und in welchem Umfang eine Zeitung ein Thema behandelt, wird häufig vom Zufall bestimmt. Doch nicht jedes unabsichtlich zustande gekommene Ergebnis ist auch ein zufälliges. Und ganz sicher gibt es im linken und linksliberalen Milieu, aber auch unter vielen Feministinnen und emanzipierten Deutschtürkinnen oder Deutscharaberinnen, eine Scheu, sich mit Ehrenmorden und Zwangsehen zu beschäftigen.

Die Gründe sind naheliegend: Weil das Thema Leuten nützt, die früher »Ausländer raus« geschrien haben und sich heute als »Islamkritiker« ausgeben, aber – wie die Spackos von Pro NRW – dieselben ordinären Rassisten geblieben sind. Weil schon der Kolonialismus, wie Frantz Fanon notiert, gern mit der Unterdrückung von Frauen argumentiert hat, um seine Herrschaft zu rechtfertigen. Weil der Diskurs über patriarchale Verhältnisse unter Einwanderern oft in einem pauschalisierenden, selbstgerechten und altväterlichen Ton geführt wird, den sich die meisten emanzipierten Türkinnen oder Araberinnen verbitten. Weil man kulturalistische Sympathien für exotische Völker und fremde Gebräuche pflegt. Einige dieser Gründe sind gut, andere nicht. Falsch sind sie allesamt.

Doch zunächst ein Wort zum Begriff Ehrenmord, den manche ablehnen, weil er einer schändlichen Tat etwas Achtbares zubillige. Aber so kaputt, archaisch und bekloppt ein Ehrenkodex ist, der Menschen dazu bringt, ihre Töchter oder Schwestern umzubringen, ist der Verweis auf das Motiv – die Ehre – notwendig. Diesen Hinweis zu tilgen bedeutet, das Besondere der Tat zu verwischen.

Arzu fiel also einem Ehrenmord zum Opfer. Und ihr Schicksal ist aufschlussreich für die gesamte Debatte.

Denn bei den Özmens, die vor über zwanzig Jahren aus der Türkei nach Deutschland gekommen waren, handelte es sich, wie Annette Ramelsberger in einer exzellenten Reportage in der *Süddeutschen Zeitung* dargestellt hat, um eine bestens »integrierte« Familie. Abitur gemacht hatte nicht die Ausreißerin Arzu, sondern die ältere Schwester Şirin. Diese arbeitete in der Detmolder Stadtverwaltung und nutzte ihre Kontakte und Zugänge zu städtischen Datenbanken dazu, die untergetauchte Arzu ausfindig zu machen. Die Brüder hatten Handwerksberufe gelernt und engagierten sich in der Freiwilligen Feuerwehr. Die Familie hatte es zu bescheidenem Wohlstand gebracht.

Der Fall widerlegt die verbreitete Annahme, Bildung sei der »Schlüssel zur Integration«, er widerspricht sogar der Annahme, dass es um »Integration« geht – mehr »Integration« als Freiwillige Feuerwehr Detmold geht nicht.

Der Fall widerspricht der These, dass solche Verbrechen etwas mit Armut zu tun hätten. Er überführt die reflexhaft vorgetragene – und zynische – Behauptung, dass Ehrenmorde und Zwangsehen nichts mit Religionen zu tun hätten, sondern Ausdruck patriarchaler Verhältnisse seien, die im Übrigen auch in anderen Gesellschaften herrschten.

Sicher gibt es auch andernorts patriarchale Verhältnisse. Und sicher dürften sich die Tatmotive bei einem Mord an der eigenen Ehefrau meist ähneln – und zwar unabhängig davon, ob der Mörder seine Tat mit seiner verletzten Ehre rechtfertigt. Und natürlich unabhängig davon, dass hierzulande eine solche Tat nur dann als Ehrenmord gilt, wenn der Täter Mustafa oder Mohammed heißt, aber unter »Familiendrama« firmiert, sofern der Mörder auf den Namen Willi oder Stefan hört.

Aber dass Geschwister oder Väter einen Mord begehen, weil sie einen archaischen Ehrenkodex verletzt sehen, ist im 21. Jahrhundert nur in bestimmten Kulturkreisen verbreitet – und in anderen nicht. 9,5 Prozent aller Mädchen, die sich im Jahr 2008 in Deutschland wegen einer bevorstehenden Zwangsverheiratung an Beratungseinrichtungen wandten, stammten aus jesidischen Familien (und 83 aus muslimischen), obwohl der Anteil von Jesiden in Deutschland im Promillebereich liegt.

Gleichwohl widerspricht der Fall Arzu der beliebten Übung, Ehrenmorde direkt aus dem Koran herzuleiten. Denn die Özmens sind deutsch-kurdische Jesiden; eine uralte Religionsgemeinschaft, die sexuelle Beziehungen zu Angehörigen anderer Religionen als Abfall vom Glauben wertet. Ehen sind nur unter Jesiden erlaubt – in der strengen Auslegung sogar nur jeweils innerhalb der drei jesidischen Kasten.

An dieser Doktrin hält auch der »Zentralrat der Jesiden in Deutschland« fest, der zwar den Mord an Arzu verurteilt hat, um sogleich jeden Zusammenhang zum jesidischen Brauchtum zurückzuweisen: »Es unterscheidet uns Jesiden nicht von anderen, dass es auch in unseren Reihen Menschen gibt, die verabscheuungswürdige Taten begehen.«

Die »Gesellschaft für bedrohte Völker« verzeichnet die Jesiden auf ihrer Liste der »bedrohten Gemeinschaften«. Die entscheidende Frage aber stellt dieser Verein, der – ganz in der Tradition der deutschen Romantik und der europäischen Bildungsreisenden des 19. Jahrhunderts stehend – die Welt als Zoo eingerichtet wissen will, in der westliche Reisende pittoreske Eingeborene im artgerechten Gehege betrachten können, die entscheidende Frage also stellen diese und andere Kulturrelativisten nicht. Sie lautet: Ist es gut oder nicht, wenn der jesidische Glaube das Zeitliche segnet?

Um nicht missverstanden zu werden: In ihrer Geschichte waren die Jesiden wieder und wieder brutaler Unterdrückung und grausamer Verfolgung ausgesetzt. Dem Völkermord an den Armeniern fielen auch Zehntausende Jesiden zum Opfer, heute noch werden sie im Irak, der Türkei, Syrien, Georgien und Armenien benachteiligt, zuweilen staatlich oder gesellschaftlich verfolgt. Diese Verfolgung ist durch nichts zu rechtfertigen. Aber sie rechtfertigt auch keinen Ehrenmord.

Jedes einzelne Menschenleben ist schützenswert. Aber längst nicht jedes Brauchtum.

Besser: Religiöses oder kulturelles Brauchtum, das sich zu modernisieren nicht imstande oder willens ist, verschwindet. Nicht durch Gewalt und Zwang, aber durch Arzus dieser Welt. Nur schützen muss man sie.

In Erinnerung an Celalettin Kesim

Noch vor ein paar Tagen hingen an der unscheinbaren Skulptur, die inmitten der Brache zwischen der Skalitzer und Kottbusser Straße in Berlin-Kreuzberg steht, rote, bereits verblühte Nelken. Inzwischen sind sie verschwunden. Gut zwei Wochen ist es her, dass sie jemand mit Klebestreifen befestigt hatte. Am 5. Januar nämlich, als sich dort vielleicht 50 Menschen versammelten. Eine Parallelgesellschaft. Denn nur wenige Kreuzberger dürften noch wissen, warum diese Menschen – ergraute türkische und eine Handvoll deutsche Linke – alljährlich an dieser Ecke zusammenkommen. Die Geschichte dahinter: ein politischer Mord. Der erste und für lange Zeit einzige, den Islamfaschisten hierzulande verübten.

Das Opfer hieß Celalettin Kesim. Er lebte seit 1973 in Berlin, arbeitete als Berufsschullehrer und war Sekretär eines Vereins namens Berliner Türkenzentrum, Mitglied der Lehrergewerkschaft GEW sowie der Kommunistischen Partei der Türkei (TKP).

Am Vormittag des 5. Januar 1980, es ist ein eiskalter Samstag, verteilt Kesim mit Freunden am Kottbusser Tor Flugblätter. Es kommt zu einem Streit mit einer Gruppe von Leuten aus der nahe gelegenen Mevlana-Moschee, die zur islamistischen Milli-Görüş-Bewegung gehört. In der Türkei herrschen damals bürgerkriegsähnliche Zustände, täglich liefern sich Anhänger der faschistischen Grauen Wölfe und Islamisten auf der einen und Linke auf der anderen Seite Schießereien, zuweilen auch konkurrierende linke Gruppen untereinander.

Zweimal sind Islamisten und Faschisten in jenen Jahren an Regierungen des konservativen Politikers Süleyman

Demirel beteiligt. Die Unterschiede zwischen ihnen sind zweitrangig; es gilt, die gemeinsamen Feinde zu bekämpfen: die Kommunisten. Und diese Spannungen haben sich längst auf die Diasporatürken übertragen.

Nach dem Wortgefecht am Kottbusser Tor haben sich die TKP-Leute schon etwas zerstreut, als die Islamisten und Faschisten, »Allah, Allah!« rufend und mit Messern und Knüppeln bewaffnet, ihnen nachjagen. Kesim wird durch einen Messerstich an der Oberschenkelarterie verletzt. Seine Freunde können ihn bis an den Landwehrkanal tragen, wo er verblutet. Er hinterlässt eine schwangere Ehefrau und einen siebenjährigen Sohn.

»Der Krankenwagen kam viel zu spät. Das war den Deutschen egal, was die Türken untereinander machten«, sagen seine Freunde noch Jahre später. Und: »Die Grauen Wölfe waren Verbündete der deutschen Rechten.« Zumindest ist bekannt, dass ihr Führer Alparslan Türkeş ein geschätzter Gesprächspartner von CSU-Chef Franz Josef Strauß war. Und wer heute die minutiöse Dokumentation von Presseartikeln, Flugblättern und Reden durchblättert, die das Türkenzentrum ein paar Jahre danach herausgab, bemerkt die tatsächlich nur begrenzte Aufmerksamkeit der deutschen Öffentlichkeit.

»Türken-Krieg mit Fleischermesser: 1 Toter«, meldet die *Bild* mit ein paar knappen Zeilen. Einige Berliner Politiker fordern Verschärfungen des Ausländerrechts, während die politischen Hintergründe des Mordes kaum interessieren. Anders die deutsche Linke. Über 10.000 Menschen laufen beim Trauerzug mit; die Zeitungsfotos zeigen Teilnehmer mit schwarzen und welche mit blonden Schnauzern. Die *taz* nennt Kesim »das erste Opfer faschistischer Gewalt im Nachkriegsberlin«, den wenige

Tage zuvor an den Spätfolgen des Attentats verstorbenen Rudi Dutschke nicht berücksichtigend. »Verbot aller faschistischen Organisationen«, fordern die Demonstranten. Und: »Ausweisung aller Faschisten.«

Beides wäre heute unvorstellbar, das abschätzige Desinteresse der *Bild* (»1 Toter«) ebenso wie der Umstand, dass Linke gleich welcher Herkunft Abschiebungen fordern. Doch wäre heute eine solche Forderung, alle grundsätzlichen Einwände einmal beiseite gelassen, auch sinnlos. Den hiesigen Islamisten kann man vielleicht, wie jüngst der marokkanischstämmige Bürgermeister von Rotterdam, Ahmed Aboutaleb, ein zorniges »Haut doch ab!« zurufen. Aber außer ein paar Hinterwäldlern in Dresden und einigen in der CSU weiß inzwischen jeder, dass viele von ihnen deutsche Staatsbürger sind und manche zudem Sven, Bernhard oder Ronny heißen.

Die Salafisten samt ihrer dschihadistischen Abteilung sind eine inländische Subkultur. Gleichwohl sehen sie sich als Teil einer kämpfenden weltweiten Bewegung. Das führt zurück zu Kesim: Sein Tod hatte nicht nur mit Spannungen in der Türkei zu tun, sondern stand zugleich im Zusammenhang mit einem globalen Konflikt, von dem eine direkte Linie zum Dschihadismus der Gegenwart weist: dem Afghanistankrieg.

Wenige Tage vor der Attacke, am 25. Dezember 1979, war die Sowjetunion in Afghanistan einmarschiert. Im Folgenden bildete sich eine einzigartige Allianz: Von Ronald Reagan zu Michel Foucault, von der *taz* bis zur *Bild* leistete man ideelle oder materielle Unterstützung für die islamistischen Mudschaheddin, aus denen später die Taliban und al-Qaida hervorgehen sollten. Auf der Seite des linken Putschistenführers Babrak Karmal hingegen stand die Sowjetunion; politische Sympathien genoss er allein unter den Vasallenparteien der KPdSU, also etwa der DKP oder der TKP.

In den Flugblättern, die Kesim und seine Genossen an jenem Januarmorgen verteilen, warnen sie vor einem Putsch in der Türkei. Und sie rufen zur Solidarität mit der Roten Armee auf. Ehe es zum Angriff kommt, stehen sich beide Gruppen gegenüber. »Die Sowjets sind die Freunde der Völker!«, rufen die einen. »Russen raus aus Afghanistan!«, antworten die anderen. Und: »Wer Allah liebt, schlage zu!«

Einer der angeklagten Angreifer wird freigesprochen, der andere, der sich im Prozess als »geistiger Führer« von Milli Görüş in Berlin bezeichnet, wird wegen »Landfriedensbruchs und Beteiligung an einer Schlägerei« verurteilt. Das Gericht hält ihm strafmildernd zugute, dass er »nach seiner ganzen Ideenwelt an eine gute Sache geglaubt« habe, auch wenn »diese dem hiesigen Denken fremd« sei.

Im Folgenden verlieren die politischen Kategorien, die 1980 zählen, an Bedeutung und verschwinden mit der Zäsur von 1989 fast völlig. Spätestens mit den Anschlägen zu Beginn der Neunzigerjahre wird der Antirassismus zum zentralen Bestandteil des linken und linksliberalen Selbstverständnisses. Womöglich ist dies ein Grund dafür, dass Kesims Schicksal in Vergessenheit gerät – viel stärker als das von Kemal Cemal Altun, der 1983 angesichts seiner drohenden Auslieferung an die Türkei mit einem Sprung aus einem Berliner Gerichtsgebäude Suizid verübt hatte.

Nach einem Ereignis, bei dem abermals eine Verbindung nach Afghanistan führt, dem 11. September 2001 nämlich, verschiebt sich wieder etwas. In der öffentlichen Wahrnehmung werden nun Ausländer zu Andersgläubigen und Türken zu Muslimen. Das zeigt sich schon in den gängigen Statistiken, in denen von der ethnischen Herkunft auf die Religion geschlossen wird, weshalb von weltweit 1,6 Milliarden und deutschlandweit 4,25 Millionen Muslimen die Rede ist. Für die Kesims von heute, die Sozialisten, Liberale, Sozialdemokraten, Anarchisten oder von allem ein bisschen oder etwas ganz anderes sind, aber keine Muslime, auch keine »säkularen Muslime«, ist in dieser Wahrnehmung kein Platz.

Anfang der Neunzigerjahre wurde auf Initiative eines Kreuzberger Lehrers die eingangs erwähnte Skulptur aufgestellt. Verziert ist sie mit einer Zeile aus einem Gedicht von Nazım Hikmet: »Sie sind die Feinde der Hoffnung, Geliebte.« Weitere 15 Jahre später ließ die Bezirksverwaltung dort ein paar Bänke aufstellen. So ist aus dieser Ecke ein kleiner Platz entstanden. Ob aus Zufall oder aus Überlieferung – noch die ersten Berliner Solidaritätskundgebungen für die Gezi-Proteste, deren Teilnehmer 1980 zumeist noch gar nicht geboren waren, fanden hier statt. Nur einen Namen hat der Platz nicht.

»Parallelgesellschaft« ist ein dummes Wort. Gleichwohl braucht die in Klassen, Schichten, Milieus segmentierte moderne kapitalistische Gesellschaft gemeinsame Grundlagen – rechtliche, normative und narrative. Dazu gehört, dass sie, wenigstens aus zeitlichem Abstand, partikulare Erzählungen und Erfahrungen in einen halbwegs gemeinsamen (und stets umkämpften) Kanon aufnimmt. In Kreuzberg trifft heute die Rudi-Dutschke-Straße auf die Axel-Springer-Straße. Im kommenden Jahr wird Celalettin Kesims Tod so lange zurückliegen, wie er gelebt hat: 36 Jahre. Es ist an der Zeit, ihm einen Platz zu geben. Und dieser namenlosen Ecke einen Namen.

Besser: Ein Celalettin-Kesim-Platz für Kreuzberg.

Nein, du darfst nicht

Ein Gutes hatten die antisemitischen Parolen auf den Gaza-Demonstrationen der vergangenen Tage: Seither gibt es etwas, was man hierzulande nur noch aus Studien kannte: leibhaftige Antisemiten. Die heißen Mohammed und Laila und Kemal und rufen Dinge, die sich nicht gehören. Ein weiterer Effekt dieser Demonstrationen: Sie setzen Maßstäbe dafür, was Antisemitismus ist. Und, klar, gemessen an »Hamas, Hamas, Juden ins Gas«, ist alles andere *gemäßigt* – Gedichte von ehemaligen Waffen-SS-Männern, Karikaturen in superliberalen Zeitungen, die täglich dutzendfach gedruckte Forderung, gegenüber Israel mal Kante zu zeigen.

Denn darin sind sich fast alle Kommentatoren und ihre Leser einig: Natürlich solle man Israel kritisieren dürfen, sagen sie – ganz so, als ob jeder, der dies macht, dadurch Leben und Eigentum riskieren würde. Dieselbe verlogene Figur, die auch aus anderen Zusammenhängen sattsam bekannt ist: Man wird ja wohl noch sagen dürfen.

Ja, du darfst es und du tust es. Aber es ist moralisch nicht richtig. Denn, nein, du darfst nicht. Es gibt kein Menschenrecht auf Israelkritik. Und schon gar nicht für dich. Nicht als Nachkomme jener Leute, die die Vernichtung der Juden in Europa geplant und durchgeführt haben. Nicht als Nachkomme jener, die sich am Holocaust bereichert haben. Nicht als Mitarbeiter von

Bayer, Degussa oder Volkswagen. Nicht als Angehöriger eines Milieus, das in den Neunzigerjahren Technopartys in arisierten Immobilien feierte. Gar nicht. Du bist Deutscher, aus der Nummer kommst du noch in tausend Jahren nicht raus.

Dieser moralische Imperativ gilt auch, wenn dein Opa nicht in der Wehrmacht dazu beitrug, dass hinter der Front die Gaskammern laufen konnten. Es gibt nämlich kein Deutschland ohne Auschwitz – kein Multikultideutschland, kein linkes Deutschland, kein besseres Deutschland, gar keins.

Wenn dir die Menschenrechte im Nahen Osten so sehr am Herzen liegen, dann finden sich für dich andere Themen. Die Situation der Palästinenser in Syrien zum Beispiel, die zwischen den Truppen des Assad-Regimes und den liebevoll »Rebellen« genannten islamistischen Milizen eingeschlossen sind. Unerheblich ist dabei, dass es in Israel Leute gibt, die die eigene Regierung kritisieren. Dass sie es tun, zeigt, was Israel von allen anderen Staaten der Region unterscheidet. (Auf der anderen Seite muss man lange nach Leuten suchen, die aus Empathie mit der israelischen Bevölkerung die Hamas ebenso wie die PLO kritisieren. Die Disziplin Palästinakritik wurde noch nicht erfunden.)

Aber dass linke Israelis oder jüdische Linke außerhalb Israels das können, heißt noch lange nicht, dass du das auch darfst. Diese Trennung ist scharf und für dich, der du dich als mündiger Bürger fühlst, der sich von niemandem (außer vielleicht von seinem Vorgesetzten) den Mund verbieten lässt, ungewohnt. Doch diese Schärfe entspricht der Schärfe der Trennung zwischen jenen, die selektiert wurden, und jenen, die selektiert haben.

Dass du besser die Klappe hältst, heißt übrigens noch lange nicht, dass du in der Sache recht hättest. So gelten die Luftschläge gegen Stellungen der Hamas als *unverhältnismäßig*. Aber wenn Israel stattdessen mit Bodentruppen in den Gazastreifen einmarschieren würde, würde das ebenfalls als unverhältnismäßig gelten. Als unverhältnismäßig gelten die Blockade des Gazastreifens oder Sanktionen gegen die Autonomiebehörde. Wer Israel Unverhältnismäßigkeit vorwirft, verlangt, dass Israel auf die dauernde Aggression durch die Hamas gar nicht reagiert. Erstaunlich in einem Land, das einst wegen ein paar chirurgischer RAF-Operationen fast kirre wurde und in dem ein paar Bengalos in Fußballstadien als Gewaltexzess gelten.

Als *gemäßigt* gilt hingegen, sich von beiden Seiten zu distanzieren – von einer Terrorgruppe bekennender Antisemiten wie der Hamas und gleichfalls von einem demokratischen Staat, der seine Bürger zu schützen versucht. Aber klar: Gemessen am Holocaust sind die Raketen der Hamas nichts, was eine Reaktion erfordern würde.

Islam-Polizei, alles auf den Boden!

»Scheiß Formalitäten«, brummt Kommissar Hakan Hak, als sein junger Kollege Abdul al-Nizam auf seine Schuhe deutet. Die beiden Cops stehen vor dem Eingang einer Hinterhofmoschee in einem verödeten Industriegebiet in Neukölln. Ein Handzeichen, dann geht's los. Nur mit Socken an den Füßen schlägt Hak mit einem wuchtigen Tritt die Tür ein. Al-Nizam stürmt mit gezogener Pistole in den Raum. »Allahu akbar«, brüllt er, »Islam-Polizei, alles auf den Boden, Hände ausstrecken!« »Schon gut«, sagt Hak cool, »die liegen doch schon.«

Der Rest ist Routine. Hak überwältigt den Imam, der gegen heimische Kulturgüter wie die Currywurst gehetzt hatte (»Schweinekram im Schweinedarm«). Sie werden ihn der Abteilung für Gescheiterte Integrationsfälle (AfüGIFä) übergeben, seine Tage in Deutschland sind gezählt.

Es ist gar nicht lange her, dass in Gegenden wie dieser Hassprediger ihr Unwesen trieben und Gesellschaften parallelisierten, während die Polizei untätig zusah. Ob einer Anschläge auf Wolkenkratzer plante oder deutsches Achselhaar verunglimpfte – man erfuhr davon erst, als es zu spät war. »CDU-Politiker fordern Islam-Polizei!«, titelte *Bild* damals und zitierte den brandenburgischen Innenminister Jörg Schönbohm: »Wir müssen vermehrt Ermittler einsetzen, die Arabisch und Türkisch sprechen. Auch in den Ausländervierteln muss Recht und Ordnung herrschen.«

Für Hak, den Mittvierziger mit Schnauzbart und Lederjacke, ist der Job bei der Islam-Polizei die letzte Chance. Vorher war er bei der Sitte und hatte wegen seiner unkonventionellen Art selber ständig Ärger mit der AfüGIFä. Illusionen macht er sich nicht: »Wir ziehen eine deutschfeindliche Fatwa aus dem Verkehr, und am selben Tag werden irgendwo da draußen hundert neue in Umlauf gebracht.«

Sein Partner schüttelt den Kopf. Der Endzwanziger al-Nizam hat ein paar Semester Integrationswissenschaft studiert, bevor er zur Polizeiakademie wechselte. In seinem fliederfarbenen Sakko wirkt er adrett, fast schnöselhaft. »Wir schützen die friedlichen Muslime«, sagt er. »Wer könnte das sonst tun?« Sein Blick schweift in die Ferne. Dann krächzt der Funk: »IPo 7 kommen. Einsatz in Moabit. Verdächtige tuscheln seit einer Stunde auf Ausländisch. Vorsicht: Kopftuch!«

Kann ganse Welt komm

Kreuzberg heute viel Turist. Komm von Espanya und İtalya und Amerika und komm von ganse Welt und kuck Kreuzberg. Das normal, Kreuzberg ist schön wie İstanbul, wo komm auch viel Turist von ganse Welt. Aber manch denke: Turist nix gut, soll nix komm Kreuzberg. Aber isch denke: Mir egal, kann jeder komm Kreuzberg. Schuldigung, hat jeder sein Meinung, habisch mein Meinung, anlaşıldı mı, du verstehn? Isch denke: Kann komm alle Kreuzberg. Aber muss wieder gehn. Nix bleib.

Sum Beispiel wenn war früher, komm viel Turist von Bavyera und Stuttugart, von ganse West, sogar von Bielefeld komm Turist. (Nur meine Schwager Talat nix komm, diese Idiot.) Diese Turist aber bleib Kreuzberg und mach Hausbesetz und mach Demo oder was und mach immer Problem mit Polisei. Sum Beispiel wenn war sehr früher, Deutsche Krieg oder was gemacht, und ganse Kreuzberg kaputt und kar nix schön, kar nix. Dann wir mit alle Kollege mach sauber. Und dann komm diese Problem-Turist mit komik Haar, grün und rot, und immer Hund und kar nix sauber, kar nix. Mir nix gefällt. Schuldigung, hat jeder sein Meinung, habisch mein Meinung.

Gut, wenn war früher, sum Beispiel manch Kollege komm auch Turist nach Deuschland. Aber diese Turist mach privat arbeit und dann mach Asyl. So viele Kollege komm Deuschland, sogar meine Schwager Talat, diese

Idiot, komm Bielefeld und mach siyasi, mach politisch Asyl. Und isch sage Talat: Schuldigung, hat jeder sein Meinung, habisch mein Meinung, aber hast du kar nix Meinung, weil hast du kar nix Ahnung. Wie du mache politisch Asyl, du Idiot? Aber Deutsche früher auch Idiot, gib alle Asyl, wer hat Schwarsbart, sogar gib Talat Asyl, diese Idiot. Und dann Deutsche sage: Nix mehr Asyl! Adamlar haklı, ist rischtig, kann nix leb ganse Welt in Deuschland.

Und dann komm Ossis. Gut, kann jeder komm, sogar Ossis kann komm. Ossis komm Kreuzberg, esse hier erste Döner und erste Banane. Haben Ossis Komünizm oder was gemacht und kar nix kenn Döner und Banane. Kommunisten nix wolle Döner und Banane, diese Idiot. Und darum Kommunismus kaputt. War früher Kollege Mustafa, war gut Kollege, aber war Komünist. Habisch gesagt: Mustafa, Schuldigung, hast du dein Komünist-Meinung, aber habisch mein Meinung. Und Komünizm nix gut, weil Mensch braucht Gott und braucht Döner.

Aber egal, das nix mein Problem. Und wenn Ossis komm und wieder gehe, dann auch nix Problem. Aber Ossis sage: Das mein Land. Und isch sage: Ulan, was dein Land, hayvan herif, du Tiermann! Wer hier mach Arbeit und mach alles sauber und besahl Steuer und mach Geschäft? Wo du kauf Döner und Banane und Piza? Das nix dein Land, das mein Land und Land von Mustafa und von alle Kollege und sogar mehr Land von Talat, diese Idiot, als dein Land, ayıp ulan, mache schäm disch, du Scheise-Nasi-Aschloch!

Aber Turist von heut gut Turist. Nix mach Problem wie Hausbesetz und Ossis und Talat, diese Idiot. Turist komm und sum Beispiel esse bei Kollege und tringe bei

Kollege und fahr Taksi mit Kollege und bring Geld nach Kreuzberg – und dann fahr surück Heimat. Das gut. Weil seit Ossis komm, mein alt Fabrik Schaub-Lorens kaputt und Telefunken (wo war Fabrik von mein Frau) kaputt und alle Fabrik in Westberlin kaputt und ganse Deuschland kaputt, nix schmeck gut wie früher, eski tadı kalmadı. Und jetz wegen Grieche, diese dumme Idiot, ganse Avrupa kaputt. Darum: Kann ganse Welt komm Turist, hoş gelsinler, sefa gelsinler, alle gut willkomm, başımızın üstünde yerimiz var, haben wir Platz auf unsere Kopf. Aber aufpasse: Muss wieder gehn und mach Platz für neu Turist. Schuldigung, aber das mein Meinung.

Elf Söhne

Habisch elf Söhne, maschallah.
    Erste Sohn Osman. Unsere Väter sage: Erkek adamın erkek çocuğu olur, Mann mit Pipi kriege Kind mit Pipi. Wenn Osman gebore, isch sehe seine Pipi, isch stols. Mache Foto von seine Pipi und schicke in Heimat. Dann schicke Osman in Heimat. Bleibe da, jetz in Söğüt Frisör.
    Sweite Sohn Orhan. Wenn er 17, isch sage: Oğlum, milli olmanın zamanı geldi, meine Sohn, mussu nasyonal werde. Wir gehe Puff. Dort Mannfrau! Isch sage: Mannfrau ficke nix schwul, aber wenn Mannfrau disch ficke, isch deine Mutter ficke. Danach isch stols. Gehe mit Orhan in Teehaus, rufe: Meine Sohn jetz nasyonal! Isch sahle und wir singe und tanse ganse Nacht mit alle Mann. Dann hole Tochter von meine Bruder und mache Hochseit für Orhan. Aber jetz neun Jahr eigene Haus, aber kar nix eigene Sohn. Warum, isch nix verstehn und traurig.

Dritte Sohn Murat. Murat immer Arbeit, Arbeit, Arbeit. Mache Bau, mache Döner, mache Handi. Und misch gebe ganse Geld. Isch stols. Mache Ehre für ganse Familie. Aber dann alle mach Handi, jetz kar nix viel Geld.

Vierte Sohn Bayezid, aber wir sage Yıldırım, der Blitz. Nix klug, aber sehr gut Fusball. Isch sage: Ne sağcı, ne solcu, oğlumuz olsun futbolcu; nix Rechter, nix Linker, Sohn werde Fusballer. Ganse Tag mit Jungs mache Treyning und mache Fitniss. Aber Deutsche nix will türkisch Fusballer. Bayezid jetz arbeislos und mache ganse Tag Fusballwette. Isch traurig.

Fünfte Sohn Mehmet. Mehmet immer mache Problem. Problem mit Schule, Problem mit Polisei, Problem mit Meister. Isch sage: Eschekoğlueschek, du Esel-Sohn-Esel, nehme Gürtel und schlage und schlage, und seine Mutter weine und rufe: Meine Sohn, meine Sohn! Und isch rufe: Nix meine Sohn! Er jetz Gefängnis, Schande für ganse Familie.

Sechste Sohn Selim. Isch nix will er sein wie Mehmet. Isch denke: Mussu modern sein, mussu Junge lasse. Selim auch immer mache Problem. Problem mit Schule, Problem mit Polisei, Problem mit Meister. Isch sage Junge: Nix Problem. Kannsu alles mache, bissu jung, bissu Mann. Aber aufpasse mit Droge und aufpasse mit Schwul! Er jetz mache Geschäft. Manchmal Polisei frage: Was Geschäft? Aber isch nix wisse.

Siebte Sohn Süleyman. Süleyman anders, is ernst, is klug. Immer Gutnot, mache stols. Isch sage: Junge, wirsu Doktor! Aber studier sehn Jahr Sosyoloji-Mosyoloji, was weis isch. Manchmal denke: Schwul oder was? Tövbe tövbe!

Achte Sohn Ahmet. Alle sage: Oğlun artist, deine Sohn wie eine Schauspieler. Alle Mädche liebe Ahmet. Isch stols. Aber in Strase andere Junge schlage Ahmet! Isch spucke Gesicht und schicke seine Abi, seine gros Brüder. Weil Mann braucht Ehre. Wenn habe nix Ehre, brauche nix lebe. Muss Ahmet verstehn.

Neunte Sohn Mustafa. Is krank. Schuldigung, aber nix rede über Mustafa.

Sehnte Sohn İbrahim. İbrahim viel Disiplin. Bete fünfmal ganse Tag, immer lese Koran. Isch sage: Junge, elhamdulillah hepimiz Müslümanız, Gottseidank wir alle Muslim. Aber mussu habe Schipas, mussu verdiene Geld, mussu heirate. Er sage: Isch lebe für Gott. Meine Brüder von Moschee wichtig, Fraue nix wichtig. Isch traurig.

Elfte Sohn Mahmut. Is Schef in Kültürverein. Wenn Nachbar habe Problem mit Ausländeramt und Sosyalamt und Alleamt, Mahmut helfe. Alle sage ihn Bürgermeister. Isch stols. Kann sein Bundeskansler. Aber Deutsche Türke wähle? Egal, lebe in meine Haus und müsse habe Respekt und mache, was seine Abi sage.

Maschallah, das meine elf Söhne.

Super, Deutschland schafft sich ab

Endlich! Super! Wunderbar! Was im vergangenen Jahr noch als Gerücht die Runde machte, ist nun wissenschaftlich (so mit Zahlen und Daten) und amtlich (so mit Stempel und Siegel) erwiesen: Deutschland schafft sich ab!

Nur 16,5 Prozent der 81 Millionen Deutschen, so hat das Statistische Bundesamt ermittelt, sind unter 18 Jahre alt, nirgends in Europa ist der Anteil der Minderjährigen derart niedrig. Auf je 1.000 Einwohner kommen nur noch 8,3 Geburten – auch das der geringste Wert in Europa.

Besonders erfreulich: Die Einwanderer, die jahrelang die Geburtenziffern künstlich hochgehalten haben, verweigern sich nicht länger der Integration und leisten ihren (freilich noch steigerungsfähigen) Beitrag zum Deutschensterben. Noch erfreulicher: Die Ossis schaffen sich als Erste ab. Während im Westen die Zahl der Minderjährigen in den vergangenen zehn Jahren um 10 Prozent gesunken ist, ging sie im Osten um 29 Prozent zurück. Die Sandys, Mandys und Jacquelines pfeifen auf das neue deutsche Mutterkreuz (»Elterngeld«) und tragen nach Kräften dazu bei, dass den ostdeutschen Volkssportarten Jammern, Opfersein und Ausländerklatschen in absehbarer Zeit der Nachwuchs ausgehen wird.

Woran Sir Arthur Harris, Henry Morgenthau und Ilja Ehrenburg gescheitert sind, wovon George Grosz, Marlene Dietrich und Hans Krankl geträumt haben, übernehmen die Deutschen nun also selbst, weshalb man sich darauf verlassen kann, dass es auch wirklich passiert. Denn halbe Sachen waren nie deutsche Sachen (»totaler Krieg«, »Vollkornbrot«); wegen ihrer Gründlichkeit werden die Deutschen in aller Welt sehr bewundert und noch mehr gefürchtet. Nun ist schon so manches Volk ohne das gewalttätige Zutun anderer von der Bühne der Geschichte abgetreten: Die Etrusker wurden zu Bürgern Roms, die Hethiter gingen im anatolischen Völkergemisch auf, die Skythen verschwanden in den Weiten der Steppe.

Der baldige Abgang der Deutschen aber ist Völkersterben von seiner schönsten Seite. Eine Nation, deren größter Beitrag zur Zivilisationsgeschichte der Menschheit darin besteht, dem absolut Bösen Namen und Gesicht verliehen und, wie Wolfgang Pohrt einmal schrieb, den Krieg zum Sachwalter und Vollstrecker der Menschlichkeit gemacht zu haben; eine Nation, die seit jeher mit grenzenlosem Selbstmitleid, penetranter Besserwisserei und ewiger schlechter Laune auffällt; eine Nation, die Dutzende Ausdrücke für das Wort »meckern« kennt, für alles Erotische sich aber anderer Leute Wörter borgen muss, weil die eigene Sprache nur verklemmtes, grobes oder klinisches Vokabular zu bieten hat, diese freudlose Nation also kann gerne dahinscheiden.

Apropos Sprache: Die Liste jener deutschen Wörter, die sich nicht oder nur mit erheblichem Bedeutungsverlust in andere Sprachen übersetzen lassen, illustriert, was der Welt mit dem Ableben der Deutschen verlustig ginge: Blitzkrieg, Ding an sich, Feierabend, Gemütlichkeit, Gummibärchen, Hausmeister, Heimweh, Kindergarten, Kitsch, Kulturkampf, Lebensabschnittsgefährte, Nachhaltigkeit, Nestbeschmutzer, Ordnungsamt, Querdenker, Realpolitik, Schlager, Spaßvogel, Tiefsinn, Torschlusspanik, Vergangenheitsbewältigung, Volksgemeinschaft, Weltanschauung, Wirtschaftswunder, Zwieback. Welcher Mensch von Vernunft, Stil und Humor wäre betrübt, wenn diese Wörter und mit ihnen die ihnen zugrunde liegenden Geisteshaltungen verschwänden? Eben.

Der Erhalt der deutschen Sprache übrigens ist kein Argument dafür, die deutsche Population am Leben zu erhalten. Denn der Deutsche und das Deutsche haben miteinander etwa so viel zu schaffen wie Astronomie und Astrologie. Oder besser noch: wie Lamm und Metzger. »Für seinen Schäferhund und seine Wohnzimmerschrankwand empfindet der Deutsche mehr Zärtlichkeit als für seine Sprache«, bemerkte Thomas Blum einmal. Im Interesse der deutschen Sprache können die Deutschen gar nicht schnell genug die Biege machen.

Nun, da das Ende Deutschlands ausgemachte Sache ist, stellt sich die Frage, was mit dem Raum ohne Volk anzufangen ist, der bald in der Mitte Europas entstehen wird: Zwischen Polen und Frankreich aufteilen? Parzellieren und auf eBay versteigern? Palästinensern, Tuvaluern, Kabylen und anderen Bedürftigen schenken? Zu einem Naherholungsgebiet verwildern lassen? Oder lieber in einen Rübenacker verwandeln?

Egal. Etwas Besseres als Deutschland findet sich allemal.

Biokoks und Vokalmangel
Über Dieses und Jenes

Einmal Fair-Trade-Biokoks, bitte

Sonntagmorgen in der Berliner Panoramabar. Das Licht ist hier etwas heller als im eigentlichen Berghain, die Musik sanfter, das Publikum gemischter. »Andere Läden betritt man, bleibt eine Weile und fährt dann woandershin. Hier bleibt man. Der Rest der Welt verschwindet«, schreibt der Musikjournalist Tobias Rapp in seinem Buch *Lost and Sound* über den mutmaßlich besten Club der Welt.

Pascal* sitzt in der Lounge und zündet sich eine Zigarette an. American Spirit, gelbe Packung. Eben war er mit Freunden auf dem Klo, die erste Line der Nacht ziehen. Für ihn ist der Rest der Welt nicht verschwunden. Noch nicht. »Politisch ist das mit dem Koks ja ein Problem«, sagt er. »An unseren Partys klebt Blut.« Wumms.

Es gibt Sätze, die sind wie Fallbeile; Sätze, die etwas, das eben noch als fröhlich und gut daherkam, schlagartig als schmutzig und hässlich erscheinen lassen. Im Berlin der Neunzigerjahre, als etliche illegale Clubs von einem leerstehenden Haus ins andere zogen, lautete so ein Satz: »Wir feiern in arisiertem Eigentum.« Bäng. »An unseren Partys klebt Blut.« Wumms.

---

* *Alle Namen geändert.*

»Eigentlich ist mir dieses Moralisieren zuwider«, sagt Pascal nach einer Pause. »Ich bin für Freude, Lust und Genuss für alle Menschen, und zwar im Hier und Jetzt.« Und wer zum Feiern Drogen nehme, solle dies tun können, sofern er einen »aufgeklärten Umgang« damit finde.

Pascal ist Mitte 30, hat kurze hellbraune Haare und ein paar Bartstoppeln. Er arbeitet als Texter in einer Werbeagentur, und seine Freunde, die schon in der tanzenden Menge verschwunden sind, entstammen demselben Milieu: Sylvana forscht an der Universität, Farid ist Anwalt und Sünje arbeitet bei einer Fernsehproduktionsfirma. Sie machen Sport, Yoga oder Tai-Chi. Sie beziehen Ökostrom und kaufen oft Bioprodukte. Und sie reisen viel. Pascal will in diesem Jahr mit seiner Freundin durch die USA fahren, *from coast to coast* – es sei denn, sie kaufen sich eine Eigentumswohnung.

Wie Biomarkt und Koks zusammenpassen? »Bio ist für mich nichts Ideologisches«, antwortet Pascal. »Das Ziel ist nicht das gesunde, sondern das gute Leben. Dazu gehört Gesundheit genauso wie feiern gehen.« Pascal unterscheidet zwischen *ausgehen* und *feiern gehen*. Ausgehen, das ist Kino, Kneipe, Freunde treffen.

Wenn er jedoch *feiern geht*, kann ein Wochenende schon mal so aussehen: Freitagabend in eine Kneipe und dann in einen Club, das linke About Blank oder die Wilde Renate mit ihrem Bauwagencharme, gegen Mittag vielleicht ins schicke Watergate am Spreeufer, am Nachmittag entspannen, im Sommer gern bei einem kleinen Open Air, dazwischen etwas essen (man muss nur dran denken), dann wieder losziehen, am frühen Sonntagmorgen ins Berghain und zum *Tatort* nach Hause.

Ohne stimulierende Drogen ist ein solches Drei-Tage-Wach-Programm natürlich nicht durchzuhalten. Pascal trinkt nicht viel Alkohol, »schon gar nicht beim Feierngehen«, sagt er und nimmt einen Schluck aus einer Flasche Club Mate, an der er seit einer Stunde nuckelt. Dafür nimmt er MDMA und Speed, am liebsten aber Kokain.

Früher war Pascal in der Antifa. Doch der »linke Politkram« sei ihm zu viel geworden. Und er habe viele seiner einstigen Gewissheiten verloren. »Wenn es wichtig ist, geh' ich immer noch auf eine Demo«, sagt er. Drogen habe er zu seiner Zeit an der Uni und in der Antifa auch manchmal konsumiert, aber seltener als heute. »Dann hast plötzlich mim Schlucka ogfanga, und i glaub, a bisserl aufgebn hast damals scho«, singt Konstantin Wecker in seiner Ballade *Willy* über seinen 68er-Genossen. Bei Pascal war es vielleicht ähnlich, nur dass er halt mit dem *Schnupfa ogfanga* hat.

Vier Millionen Europäer, so schätzt die Europäische Drogenbeobachtungsstelle, haben im Jahr 2011 mindestens einmal gekokst. Gleichwohl habe die Attraktivität dieser Droge zuletzt abgenommen. Und das könnte auch mit den Begleiterscheinungen des Kokainhandels zu tun haben, die Pascal Unbehagen bereiten.

»Für politisch korrektes Koks würde ich mehr zahlen«, sagt er und beugt sich vor, als würde er erst jetzt über ein Thema sprechen, das Diskretion gebietet. Er habe da etwas von Bekannten gehört, wisse aber nicht, ob es stimme: fair gehandeltes Kokain.

Das Landeskriminalamt hat davon, wie eine spätere Nachfrage ergibt, noch nichts gehört. Auch Pascals Bekannter weiß nicht viel mehr, außer auf einen anderen Bekannten zu verweisen. Einige Wochen und weitere Bekannte und Bekannte von Bekannten später fällt endlich ein Name: Freddy. Und irgendwann ist der Kontakt hergestellt. Nach einigem Zögern lässt sich Freddy auf ein Treffen mit der *taz* ein. Die Bedingung: kein Wort zu seiner Person, nur zum Geschäft.

Gut, dieser Berufsstand stand noch nie im Ruf, besonders pünktlich zu sein; »He's never early, he's always late / First thing you learn is that you always gotta wait«, sangen Velvet Underground in ihrer Dealerhymne *I'm waiting for the man*. Freddy verspätet sich um über eine Stunde. Aber er kommt. Kurzer Blickkontakt, Nicken, einsteigen.

Es ist Freitagnacht, seine Arbeitswoche hat begonnen. Mit seinem Kleinbus ist er auf Tour. Er bekommt einen Anruf, man verabredet einen Treffpunkt, Freddy kommt, fährt mit seinen Kunden ein-, zweimal um den Block und wickelt dabei beiläufig den Handel ab. »Alles läuft über persönliche Kontakte. Ich bin nicht so gierig und ich will nicht in den Knast.«

Und sonst? »Ja, mein Koks ist fair gehandelt und bio«, sagt Freddy. Fair-Trade-Biokoks – klingt nach einem doppelten Widerspruch in sich. Einem Dioxymoron.

– »Wie kannst du garantieren, dass der Stoff fair gehandelt ist?«

– »Garantieren kann ich nix, das sage ich auch allen. Aber ich habe Argumente.«

– »Die wären?«

– »Ich kriege es von Leuten, die es selber importieren.«

– »Und woher kriegen die es?«

Freddys Handy klingelt. Er hebt ab, das Gespräch ist kurz: »An der Ecke wie immer. Alles klar, halbe Stunde.« Routiniert nimmt Freddy den Gesprächsfaden wieder auf.

– »Direkt von Kooperativen in Südamerika. Kokabauern, die sich zusammengeschlossen haben und auch das Kokain selber herstellen. Wenige Zwischenhändler, keine Mafia, keine Toten. Fair Trade.«

– »Warst du selbst schon mal bei dieser Kooperative?«

– »Kein Kommentar.«

– »Könnte die Mafia das nicht an sich reißen wollen?«

– »Woher soll ich das wissen?«

– »Sorry. Bist du der Einzige, der den Stoff in Berlin verkauft?«

– »Kein Kommentar.«

– »Deine Kunden nehmen dir das Label Fair Trade ab?«

– »Sie tun es oder sie lassen es. Ein staatliches Siegel habe ich nicht. Aber ich habe was anderes.

– »Und zwar?«

Wieder klingelt das Handy. »Hallo. Ja, gut, alles klar.«

– »Qualität. Mein Koks ist nur etwas teurer als das, das du sonst in Berlin kriegst. Aber es ist viel sauberer. Gutes Koks zu fairen Bedingungen. Willst du mal probieren?«

– »Nein danke.«

Pause.

– »Wer sind deine Kunden?«

– »Leute, die guten Stoff und gutes Gewissen wollen. Lodas.«

– »Bitte was?«

– »Lodas wie Lohas, Leute mit Lifestyles of Drugs and …«

Freddy sucht das englische Wort für Nachhaltigkeit, das sich im Original zusammen mit *health* zum Akronym Lohas zusammenfügt, kommt aber nicht auf *sustainability*. »Ist egal«, sagt er dann, »war nur so ein Spruch.«

Angefangen habe alles, erzählt Freddy weiter – es ist das erste Mal, dass er ungefragt etwas ausführt –, vor ein paar Jahren mit Marihuana aus ökologischem Anbau. Das sei einfach, das Gras stamme ja aus Holland oder Deutschland. Und dann sei es nur eine Frage der Zeit gewesen, bis jemand auf die Idee mit dem Fair-Trade-Biokoks gekommen sei. »Wo Nachfrage, da Angebot«, sagt er.

Aber wie kann Koks bio sein? Streng genommen sei es nicht bio, das gebe es nur bei Gras oder halluzinogenen Drogen wie Pilzen. »Für die Herstellung von Koks nimmt man normalerweise Kerosin, Schwefelsäure und Kaliumpermanganat. Aber es gibt biologische Alternativen oder weniger giftige. Ich glaube, die sind da noch am Experimentieren. Wenn ein Flugzeug mit Biosprit fliegen kann, kann man auch Koks mit Sojaprodukten oder so was herstellen, meinst du nicht?«

Freddy ist schon zum vierten Mal dieselbe Runde gefahren. Er wird ungeduldig. Und er hat erzählt, was er erzählen wollte. »Ich kenne da einen Lodas, der wäre bestimmt interessiert«, sage ich, um einen freundlichen Abschluss zu finden. »Dann wird er mich finden«, sagt Freddy und fährt rechts ran.

Dienen bei den Schreibmaschinen

»I bin doch ned deppat, i fohr wieder z'haus«, ruft der österreichische Kronprinz Franz Ferdinand nach dem gescheiterten ersten Attentat im Juni 1914. Er lässt seinen Tross sofort umkehren, das zweite, tödliche Attentat findet nicht statt. Folglich fällt der Erste Weltkrieg aus und damit auch der Zweite Weltkrieg und der Kalte Krieg. Dafür ist Wien die bedeutendste Kulturmetropole der Welt, voller Psychoanalytiker und voller Juden. Denn auch der Holocaust fällt aus.

Dies ist der Ausgangspunkt des wunderbaren Romans *Der Komet* des Journalisten Hannes Stein. Beiläufig tauchen historische Figuren auf, denen in dieser Alternativgeschichte ein ganz anderes Schicksal widerfährt: So gelangen Leo Trotzki und Theodor Herzl nur als Wiener Kaffeehausliteraten zu einem gewissen Ruhm, während Anne Frank für ihr Lebenswerk den Literaturnobelpreis erhält, aber mit ihrer Art, »ungefragt ihre Ansicht zu jedem Thema unter der Sonne« kundzutun – unschwer ist das reale Vorbild zu erkennen – manchem Zeitgenossen als »schreckliche Nervensäge« gilt. Es ist die Geschichte eines monströsen Verlustes, die Stein in unterhaltsamer Form erzählt.

Eine dieser vielen verlorenen Menschen ist die Wiener Autorin Lili Grün. Dem Aviva Verlag und der Herausgeberin Anke Heimberg ist es zu verdanken, dass ihr knappes Werk vor dem Vergessenwerden gerettet wurde. Nachdem dort in den vergangenen Jahren Grüns zwei Romane unter den neuen Titeln *Alles ist Jazz* bzw. *Zum Theater!* erschienen, liegt nun erstmals eine Sammlung ihrer Feuilletons und Gedichte vor, die zwischen 1929 und 1937 in Zeitungen und Zeitschriften veröffentlicht wurden.

Lili Grün wurde 1904 als Tochter einer jüdischen Kaufmannsfamilie in Wien geboren. Sie verlor früh ihre Eltern, kam in Kontakt mit linken Künstlern und ging Ende der Zwanzigerjahre nach Berlin, wo sie sich als Schauspielerin und Autorin versuchte. Sie wurde Mitglied der Kabarett-Gruppe Die Brücke, musste ihren Lebensunterhalt aber als Verkäuferin in einer Konditorei bestreiten.

Dieses Leben zwischen großen Träumen und trüber Maloche spiegelt sich in vielen Texten wider: »Wenn ich auch nichts von den Dingen versteh', / Eins weiß ich genau: / Es gibt ein eigenes Paradies für die Frau. / Für uns, die wir den ganzen Tag dienen. / In dunklen Büros bei den Schreibmaschinen«, beginnt das titelgebende Gedicht *Mädchenhimmel*.

Grüns andere große Thema sind die Frauen, die Männer, und das, was sie sich voneinander erhoffen, aber allenfalls nur kurzzeitig geben können: die Liebe. Sie beschreibt die kurzen Momente des Glücks, quälende Hoffnungen und viele kleine Enttäuschungen. Etwa, wenn sich der Mann mal wieder nicht auf die Frau einlässt und lieber Zeitung liest: »Da kann man wirklich nur weinen, ins andere Zimmer gehen und unverstanden sein.«

Getrieben von der Sehnsucht – und womöglich von der Furcht vor Langeweile, ein häufiges Motiv bei Lili Grün – sind diese Frauen selbstbewusst genug, um eine unglückliche Beziehung zu beenden: »Denn bis zum Tode bin ich dein, / Und noch im Grabe lieb' ich dich, / Doch wenn schon einmal Schluß muß sein: / Den, Liebling, mache ich!«

Emanzipation und Wunsch nach Bindung gehören zusammen, vielleicht besteht genau darin das Schlamassel, und ertragen lässt sich dieser Widerspruch nur mit Humor: »Mein letzter Freund war ein Jurist. / Ich bin seit dieser Zeit gegen Juristen.« Doch freilich folgt auf jedes Ende ein neuer Anfang, stets in der Hoffnung, der Nächste möge der Richtige sein. Ein Mann müsse doch, schreibt sie an anderer Stelle, »nebst Verstand und anderen Gaben, / So etwas wie eine Seele haben. / Und ich bin so scharf auf Seele!«

Ein weiteres Gedicht, in dem sie ausführt, dass ein Mann »wird selbst nach langen Jahren / Fast jeder Frau eine Erinnerung bewahren«, hingegen »das Herz der Frauen« ohne Gedächtnis und für den jeweils Neuen alle Vergangenheit zu vergessen bereit sei, endet mit der Pointe: »Sie ist ja so gern monogam, / Wenn man – sie läßt!«

Es sind präzise und gefühlvolle Beschreibungen des Großstadtlebens, humorvoll und selbstironisch erzählt, leicht melancholisch, ziemlich keck und sehr berührend. Ein Werk der Neuen Sachlichkeit, kühler als Mascha Kaléko, fröhlicher als Marieluise Fleißer, nah an Irmgard Keun und zuweilen – so im hinreißenden *Dialog mit Reflexionen* – an Kurt Tucholsky.

Doch sieht man von der fehlenden expliziten Darstellung von Sexualität ab, könnte man Grüns Texte für zeitgenössische halten, die etwa an die *taz*-Kolumnistinnen Margarete Stokowski oder Franziska Seyboldt erinnern. So kann man sich Lili Grün gut im Berlin, Hamburg oder Wien der Gegenwart vorstellen; als junge Frau, die *was mit Medien macht* und ihr Liebesglück sucht, in beidem mal mehr, mal weniger erfolgreich ist, und nicht nur für sich spricht, wenn sie darüber schreibt. Wären da nicht solche Sätze, die man heute nicht losgelöst vom Schicksal ihrer Verfasserin lesen kann: »In den größten Schmerzen unseres Lebens sind wir allein.«

1933 kehrte Grün, inzwischen an Tuberkulose erkrankt, nach Wien zurück, wo sie nach dem Erscheinen ihrer Romane von ihrer Literatur leben konnte. Nach dem »Anschluss« Österreichs verfolgt und schwer erkrankt, wurde sie, nach allem, was ihre Herausgeberin in Erfahrung bringen konnte, mehrfach »delogiert« und lebte zuletzt in einem »Massenquartier« für Juden im 1. Wiener Bezirk. Im Mai 1942 wurde Lili Grün ins Vernichtungslager Maly Trostinez in Weißrussland deportiert und am Tag ihrer Ankunft ermordet. Sie wurde 38 Jahre alt.

Immer diese Märkte

Schuldenkrise verunsichert Märkte. Schuldenkrise belastet Märkte. Schuldenkrise hält Märkte fest im Griff. Schuldenkrise hält Märkte in Schach. Schuldenkrise hält Märkte in Atem. Schuldenkrise drückt Märkte. Schuldenkrise schüttelt Märkte. Schuldenkrise zieht Märkte runter.
Übertreiben die Märkte?
Märkte misstrauen Athen. Märkte hetzen Italien. Märkte zählen Spanien an. Märkte schlucken Irland-Bonds. Märkte wetten gegen Portugiesen. Märkte rütteln Belgien wach. Märkte bangen um Paris. Märkte trauen Argentinien nicht. Märkte lassen London keine Wahl. Märkte zittern vor Linksruck. Japan überrascht Märkte. Ungarn enttäuscht Märkte. Nordkorea beunruhigt Märkte. Türkische Notenbank verwirrt Märkte. Deutschland lässt Märkte hängen.
Die Geduld der Märkte hat Grenzen.
Märkte sind sehr vorsichtig. Märkte weiter skeptisch. Märkte bleiben nervös. Märkte funken SOS. Märkte in Schieflage. Märkte im Ouzo-Taumel. Märkte in Turbulenzen. Märkte in Aufruhr. Märkte im Angststrudel. Märkte auf der Achterbahn. Märkte auf Talfahrt. Märkte am Abgrund. Märkte im Sinkflug. Märkte im freien Fall.
Märkte an der Leine!
Märkte wollen klare Ansage. Märkte hoffen auf Berichtssaison. Märkte werden wählerisch. Märkte gehen

aufs Ganze. Märkte fürchten Umschuldung. Märkte missbilligen Hinhaltetaktik. Märkte sprechen Euro Misstrauensvotum aus. Märkte zittern vor EZB-Sitzung. Märkte lassen Elan vermissen. Märkte plagt der Gipfelblues. Märkte brechen zusammen.

Atempause für die Märkte.

Junge Märkte. Verunsicherte Märkte. Schwimmende Märkte. Wacklige Märkte. Glückliche Märkte. Widrige Märkte. Unbarmherzige Märkte. Im Rhythmus der Märkte. Im Griff der Märkte. Der Übermut der Märkte. Die Gunst der Märkte. Die Moral der Märkte. Die Ängste der Märkte. Die Wut der Märkte. Die Macht der Märkte. Die Freiheit der Märkte.

Märkte im Aufwind.

Berlusconi beschwört die Märkte. Tschechen überzeugen die Märkte. US-Jobdaten erfreuen die Märkte. Konjunkturdaten beflügeln die Märkte. Rettungsschirmanleihe verzückt die Märkte. Märkte glauben an Erfolg. Märkte hoffen auf Konjunktur. Märkte bejubeln Gipfelbeschlüsse. Märkte machen Freudensprung. Märkte fliegen weiter.

Märkte verschieben Untergang.

Märkte wollen stabile Regierung. Märkte vertrauen der Politik nicht mehr. Märkte fordern Politik heraus. Märkte treiben Politik vor sich her. Merkel versteht die Märkte nicht. Merkel macht die Märkte irre. Märkte ignorieren Merkel.

Warten auf die Reaktion der Märkte.

Märkte reagieren erleichtert. Grenzen für die Märkte. Krieg gegen die Märkte. Adrenalin für die Märkte. Wie Politik und Märkte aneinander vorbeifunken. Wie Märkte unter höheren Zinsen leiden. Die Märkte haben nicht immer recht. Die Märkte sind nicht irrational. Die Märkte sind nicht dumm. Die Märkte sehen schon nach vorne. Auf die Märkte kommt es an. Immer diese Märkte.

Collage aus (mitunter gekürzten) Schlagzeilen aus zweieinhalb Jahren Financial Times Deutschland, Focus, Frankfurter Allgemeine, Frankfurter Rundschau, Handelsblatt, Neue Zürcher Zeitung, Spiegel, Süddeutsche Zeitung, taz, Welt und Zeit (unvollständige Auswahl).

Die Augen, der Geruch, die Eierstöcke

1. Wer Fisch kauft, kauft den Fisch, der frisch im Angebot ist.

2. Wie frisch ein Fisch ist, erkennt man an den Augen, den Kiemen oder dem Geruch. Die Augen dürfen blutunterlaufen sein, aber das Weiße muss sich scharf von der Pupille trennen. Die Kiemen sind nach Fischart orange oder rot, bei frischem Fisch aber immer in knallend leuchtenden Farben. Fisch riecht nach Fisch. Fauler Fisch riecht nach faulem Fisch. Ein nicht zu vernachlässigender Unterschied.

3. Bei Fischarten, die unterschiedliche Geschlechter haben, dem Steinbutt etwa, sind die männlichen Exemplare zu empfehlen. Die weiblichen Fische erkennt man an den breiteren Körperwölbungen, die die Eierstöcke enthalten. Diese sind ungenießbar.

4. Die Gräten stören, lassen sich aber nicht vermeiden. »Fischstäbchen« sind indiskutabel.

5. Mediterraner Fisch ist weniger fettig als Fisch aus der Nordsee. Er ist auch mediterraner.

6. Meeresfische sind fast immer gehaltvoller als Süßwasserfische.

7. Fischfressende Fische (Raubfische) sind vegetarischen, sich also von Pflanzen und Insektenlarven ernährenden Fischen (Friedfischen) vorzuziehen. Mit welcher Art Fisch man zu tun hat, erkennt man an den Zähnen. Der Karpfen zum Beispiel ist ein Friedfisch. Er schmeckt erbärmlich. Auch von der Meeräsche ist abzuraten.

8. Einige Fische lassen sich industriell züchten (Lachs, Kabeljau, Goldbrasse), andere lehnen dies strikt ab (Blaufisch, Bonito, Makrele). Sofern Fangsaison ist, sind diese Fische welchen aus Aquakulturen vorzuziehen.

9. Die Propaganda, dass Aquakulturen ökologisch besser seien, ist Propaganda. Der Fisch ist da nämlich anderer Meinung. Der Fisch hat recht.

10. Ob ein Wolfsbarsch aus dem Meer gefischt oder gezüchtet wurde, erkennt man am Preis, der Form, der Farbe und den Schuppen. Wild lebende Wolfsbarsche sind teurer, größer, heller und haben kräftigere Schuppen. Bei der Goldbrasse (Dorade) ist es ähnlich. Hinzu kommt der rosa Schimmer an den Wangen.

11. Fisch braucht keine Beilage. Salat und Brot genügen. Kartoffeln beleidigen den Fisch.

12. Ob man den Fisch mit Zitrone abschmeckt oder nicht, ist eine Glaubensfrage. Im Grunde teilt sich die Menschheit in zwei Sorten: Jene Menschen, die Zitrone auf den Fisch tropfen, und jene, die dies nicht tun. Der Autor gehört zur Zitronenfraktion, respektiert aber auch die Zitronenkritiker, selbst wenn sie auf dem Irrweg sind.

13. Manche Fische schmecken gebraten am besten, andere gegrillt oder gedünstet. Bei einigen hängt die optimale Zubereitungsart von der Saison ab. Der Bonito beispielsweise, der zu Beginn der Saison gefischt wird, ist fettarm und sollte daher gebraten und nicht gegrillt werden. Das ändert sich im Lauf der Saison.

14. Man sollte nicht verschiedene Fischsorten mit derselben Mahlzeit verspeisen. Eine wird immer fad schmecken.

Besser: Mit Alkohol. Zum Beispiel Wein oder Raki.

Sogar Hitler hatte mehr Ahnung

Was wäre der Fußball ohne euch Zauber-Fans? Was wäre diese Kolumne ohne euch Zauber-Leser? VUVUZELA sagt: Danke, thank you, hvala, gracias, obrigado, terima kasih, grazie, efcharisto, merci, bedankt*!

29 VUVUZELA-Folgen habt ihr mit euren Kommentaren bereichert. »Das waren sehr viele Leserkommentare mit erbaulichem Lob, aber auch mit manchem kritischen Wort«, erklärt taz-Experte Carl Ziegner (31). VUVUZELA gehörte immer euch, liebe Zauber-Leser und Zauberinnen-Leserinnen. Und heute bekommt ihr die Bühne, die euch gebührt. Ihr seid weltmeisterlich!

Ist das hier die *taz?* Ich bin als *taz*-Leser etwas irritiert. Bin ich hier in der *Bild*-Zeitung gelandet? Ich dachte, die *taz* hätte etwas Niveau. Mario-Barth-Niveau. *Bild*-Zeitungsniveau. *Blöd*-Zeitungsniveau. Primitivstes *Bild*-Zeitungsniveau. Dafür wurde die *taz* nicht erfunden. Fritz Teufel würde sich im Grab umdrehen.

---

* *Ausländisch für: »Danke, Danke, Danke, Danke, Danke, Danke, Danke, Danke, Danke!«*

Eine miesere Wortwahl habe ich selten gesehen. Selten so einen Schund gelesen. Selten so primitive Urteile gelesen. Unterste Schublade. Unter aller Sau. Unter aller Würde. Weder originell, sprachlich gut noch witzig. Ein Vorgeschmack auf das extra für unsere Migranten eingeführte sinkende Bildungsniveau in Deutschland.

Geht ja gar nicht. Zumutung. Schwachsinn. Unerträglich. Unsportlich. Schülerzeitungshumor. Rassismus vom Feinsten. Bornierte rassistische Kackscheiße. Ethnozentristische Scheiße. Einfach schmerzhaft zu lesen. Einfach nur albern. Einfach nur schlecht. Einfach nur zum Kotzen. Richtig schlecht. Richtig schlimm.

Ich bin entsetzt. Ich bin geschockt. Ich bin traurig. Wütend und sprachlos zugleich! Der Verfasser muss wegen seiner Äußerungen vor Gericht. Blöde Kolumne. Mehr als blöde Kolumne. Dummes deutschnationales Geblubber. Ohne bodenständige Fakten. Absolut unterirdisch. Absolut geschmacklos und unzutreffend. Voll und ganz eine absolute Frechheit. Sexismus, ausländerunfreundliche Bemerkungen (von einem Türken im fremden Land) und dergleichen mehr haben in einer *taz* nix verloren.

Was ist das für ein Typ? Warum darf der schreiben? Wieso darf DER überhaupt für UNS schreiben? Deniz Yücel sollte vielleicht besser die *Junge Freiheit* mit seinen Kolumnen bedienen. Bitte zur *Hürriyet* nach Ankara versetzen. Das ist purer türkischer Hass, der als Satire getarnt ist. So ein Beitrag kann ja nur von einem Türken kommen. Und zufällig ist der Verfasser dieses Artikels Türke. Abgesehen davon ist er sowieso Kurde.

Muss man sich jetzt auch noch in der *taz* Ausländerfeindlichkeit anhören? Deniz Yücel, ich wünsche Ihnen, dass Sie wieder zu sich selbst finden, dass Sie sich bewusst werden, wo ihre Wurzeln liegen und auch Sie einer Minderheit angehören. Hallo, Deniz Yücel, hier was zur Integration: Innerer Reichsparteitag ist ein ganz normaler Begriff. Aber so was ist in deiner Zuwandererfamilie wahrscheinlich nie besprochen worden.

Mäßigen Sie sich! Schämen sie sich was! Sie sind so heruntergekommen, Herr Yücel. Deutsch können Sie auch nicht. Sie sind unverbesserlich, Herr Yücel. Die Jahreszahlen 33 bis 45 muss man Ihnen wohl zwangsweise amputieren. Bei einer WM des friedlichen MITeinander wäre kein Platz für solche Kolumnisten. Wieso schreibt denn der ahnungslose Türke immer »Wir«?

Jetzt darf die deutsche Mannschaft nicht mal mehr über die rechte Seite angreifen, ohne dass ein Nazi-Vergleich kommt. Guter Journalismus sieht anders aus. Humor geht anders. Witzig ist anders. Gute Satire geht anders. Linke können eben kein Fußball. Der hat doch keine Ahnung vom Fußball. Sogar Hitler hatte mehr Ahnung von Fußball.

Vielleicht sollte sich Herr Yücel einen neuen Job suchen. Schaltet diese unsägliche Kolumne ab! Könnte mal jemand diesen Typen feuern? Stopft dem Herrn Yücel das Maul! Schmeißt den Mann doch endlich raus! Die Tage von Yücel als Journalist (und überhaupt) sind gezählt.

Das ist nicht die *taz,* für deren Überleben ich gespendet habe. Gute Nacht, *taz.* Tschüss, *taz*-Abo. Ich werde doch nicht die *taz* abonnieren. Hätte ich die *taz* abonniert, würde ich sie jetzt abbestellen.

Lasst die Bälle hüpfen!

Hurra! Jetzt hüpfen (!) endlich die Bälle! Und: WIR sind geil auf diese Weltmeisterschaft! 11 Gründe, warum das die schärfste WM aller Zeiten wird.

1. Es geht um Fußball: Bei der echten WM geht's nur noch um Geld, Geschlecht, Gedöns: »Wie hoch ist die Siegprämie?« »Sind die Spielerfrauen dabei?« »Ist Ronaldo (26) der sexyste oder Özil (22)?« Bei der Mädchen-WM nervt niemand mit so was, da geht's nur um Fußball, Fußball, Fußball. Bravo!

2. Die WM ist bei UNS: Die Stadien liegen nicht irgendwo in Afrika, sondern näher an den Menschen: »Gespielt wird nur in Deutschland, zum Beispiel in Augsburg, Bochum oder Wolfsburg«, informiert *taz*-Expertin Ines Pohl (44). Praktisch!

3. WIR sind unschlagbar: Lira (23), Kimi (21) und Célia (wird Montag 23) können mitten im Spiel Kajal nachziehen und Lipgloss auffrischen, UNS schlägt trotzdem niemand. So leicht hatten WIR es seit der WM 1939 in Polen nicht mehr. Super!

4. WIR holen das Triple: Weltmeisterschafts-Ausrichtungs-Weltmeister und Weltmeister der Herzen waren WIR schon immer. Aber mehr war mit der Versagerbande von Rudi Völler (51) und der Gurkentruppe von Jogi Löw (51) nicht drin. Jetzt werden WIR als Weltmeisterschafts-Ausrichtungs-Weltmeister und Weltmeister der Herzen auch Weltmeister der Welten. Endlich!

5. Es herrscht Fairplay: Die anderen haben Einsehen, wollen gar nicht Weltmeister werden: Ami-Coach Pia Sundhage (51) will nur »fantastische Atmosphäre und tollen Fußball«, überlässt den Titel UNS. Vorbildlich!

6. Alle sind dabei: Bei der echten WM gibt es keine leichten Gegner mehr. Ein Land wie Äquatorial-Guinea (West-Afrika) hat da keine Chance, darf nicht mitspielen. Bei der Mädchen-WM sind sogar die Schoko-Guini-Girls dabei. Toll!

7. Brasilien ist Brasilien: Die Brasi-Boys sind nur noch brasi-bräsig, Brasi-Lady Marta (25) hingegen verzaubert UNS mit Samba-Zamba. Wahnsinn!

8. Keine nervigen Zicken-Kriege: Kahn (heute 42, damals jünger) gegen Lehmann (41), Ballack (34) gegen Lahm (27), Overath (67) gegen Netzer (66) – ständig wird herumgezickt. Bei den Mädels hingegen gilt, was Trainerin Silvia Neid (47) und Managerin Doris Fitschen (42) sagen: »Ich bin generell der Meinung von Doris Fitschen«, erklärt Tormädel Nadine Angerer (32). Sehr gut!

9. Sie sind wie WIR: Die Mädels sind keine abgehobenen Millonarios, sondern normale Menschen mit normalen Normalo-Problemen: Was muss Silv (47) vor der WM erledigen? »Noch einmal waschen und bügeln.« Worauf muss Lira (23) bei der WM-Vorbereitung achten? »Süßigkeiten einschränken« – alles wie bei UNSEREM Schatzi! Süß!

10. Wir sind wie WIR: Nichts gegen Integration, aber man darf es nicht übertreiben. Im echten Nationalteam kann kaum noch einer die Hymne mitsingen. Bei den Girls gibt es nur Célia (bald 23) und Lira (schon 23). Die anderen heißen Müller (31), Peter (23), Schmidt (21). Korrekt!

11. Keine blöden Witze: Keiner albert rum, keiner fordert TRIKOTTAUSCH, alle sind mit Ernst bei der Sache! So muss es sein!

Warum ich DKP wähle

Ich wähle die Deutsche Kommunistische Partei. Und hier sind meine Gründe:

1. Ich wähle DKP, weil ich sie nicht kenne. Die ungefähre Ahnung, die ich von ihrem Programm und Personal habe, ist mir mehr als genug. Je weniger ich um ihre Existenz weiß, umso leichter kann ich für ihre Essenz stimmen.

2. Ich wähle DKP, weil ich Enttäuschungen hasse. Die Kandidaten dieser Partei werden gottlob niemals in die Gelegenheit kommen, mich durch Inkompetenz oder Inkonsequenz zu bekümmern.

3. Ich wähle DKP, weil ich Mitgefühl empfinde. Mit geringem Aufwand kann ich so *pars pro toto* Menschen meine Reverenz erweisen, die mir in politischen Belangen zweierlei voraushaben: Zuversicht und Hingabe.

4. Ich wähle DKP, weil ich melancholisch bin. Erzählt nicht bereits die Anschrift der Parteizentrale – Hoffnungstraße 18, 45127 Essen – von allem Glanz und Elend der kommunistischen Bewegung?

5. Ich wähle DKP, weil ich launisch bin. Die DKP bedient am ehesten mein widersprüchliches Gemüt: morgens weltoffen und progressiv, mittags empathisch und reformistisch, abends sektiererisch und revolutionär, nachts engstirnig und konservativ. Und manchmal verschlafen und reaktionär, den ganzen langen Tag.

6. Ich wähle DKP, weil ich wähle. Mit Leuten, die das Parlament für eine »Schwatzbude« halten, will ich nicht einmal in der Statistik eine gemeinsame Einheit bilden.

7. Ich wähle DKP, weil ich eitel bin. Mir gefällt es, meine Stimme wiederzuerkennen. Das Ideal ist erreicht,

wenn die Partei allein meinetwegen ihr Ergebnis in meinem Wahlbezirk um hundert Prozent steigern kann.

8. Ich wähle DKP aus Erwägungen, die unvernünftig und romantisch sein mögen. Aber ich glaube, dass – jenseits von Gelehrtentum, Gulag und Gesamtschule – hierin der Zauber des Kommunismus verborgen liegt: eine Idee, deren Aussichtslosigkeit nur von ihrer Vagheit und deren Größe nur von ihrer Tragik übertroffen wird.

FDP, du fehlst

Liebe FDP, du wirst zufrieden sein mit dieser Woche: Erst das Gepolter von Christian Lindner im Düsseldorfer Landtag, dann die Lack-und-Leder-Nummer in Hamburg, die sich ein Rainer Brüderle nicht hätte frivoler ausdenken können. Immerhin reden die Leute, wirst du vielleicht sagen. Aber wir wollen nicht darüber reden und spotten wollen wir auch nicht. Denn schon in deiner letzten Regierungszeit warst du, wie sonst nur Lothar Matthäus und Dieter Bohlen, bloß noch ein Fall für drittklassige Kabarettisten.

Deine Geschichte war widersprüchlich und bot Platz für die Freiburger Thesen, aber auch für Figuren wie Erich Mende oder Jürgen Möllemann. Doch zuletzt hattest du dich ganz einer Bande von Klassenstrebern ergeben. Du warst ein ästhetisches Ärgernis, aber nicht nur. Es schien, als wolltest du die vulgärmarxistische Deutung des Satzes, wonach das Sein das Bewusstsein bestimmt, beweisen, und vergaßt darüber, dass nur die wenigsten Zahnärzte und Sockenfabrikanten sich damit begnügen, als Bourgeois ihre merkantilen Interessen zu verfolgen

(Steuern runter!), und die meisten von ihnen zugleich Citoyens sein wollen, die sich für das Gemeinwohl interessieren.

Ob dein Hass auf die Armen, dein Mitmachen bei der Bankenretterei oder deine Abwesenheit beim Schutz bürgerlicher Rechte und Freiheiten – du hast schon gefehlt, als du noch da warst. Und jetzt fehlst du viel mehr, als es alle Erbsenzählerei über Wählerwanderungen beschreiben könnte. Beerbt wurdest du von einem deutschtümelnden Verein, dessen Wirkung noch gar nicht abzusehen ist.

In einem Land, in dem auch ein Großteil der Linken, beseelt von der Überzeugung, dass links dort ist, wo der Staat ist und wo es nichts zu lachen gibt, stets den Obrigkeitsstaat zu ihren Zwecken zu vereinnahmen versuchte, fehlst du als Anwältin des Individuums.

Du fehlst als politische Kraft, die bei der Verteidigung der Freiheit die Freiheit nicht preisgibt; die die Vielfalt der Lebensstile akzeptiert; die den Menschen Möglichkeiten eröffnet, anstatt sie zu bevormunden; die das Streben nach individuellem Glück nicht ächtet, sondern, wie mir einer deiner klügsten Ortsvorsitzenden, Nils Augustin von deiner Sektion Hackescher Markt, schreibt, für das Recht des Einzelnen kämpft, »im Hier und Jetzt und zu entscheiden, wer er sein und wie er glücklich werden will« – unbenommen deiner Illusionen, wie weit eine bürgerliche Gesellschaft ihr Glücksversprechen einlösen kann.

Ja, liebe FDP, du fehlst. Verstehst du das eigentlich?

Jasager, Ausrutscher, Saubermänner

Bundespräsident Christian Wulff soll »das Amt beschädigt« haben. Dabei hat dieses Amt schon so manches ertragen.

Der Jasager
Theodor Heuss, als FDP-Mitglied gewählt, Bundespräsident von 1949 bis 1959: Wie alle Abgeordneten der Deutschen Staatspartei stimmte Heuss im März 1933 dem Ermächtigungsgesetz zu. »Ich wusste schon damals, dass ich dieses ›Ja‹ niemals würde aus meiner Lebensgeschichte auslöschen können«, notierte er später in seinen Memoiren. Aber so wichtig war das gar nicht. Denn: »Das Ermächtigungsgesetz hat für den praktischen Weitergang der nationalsozialistischen Politik keinerlei Bedeutung gehabt«, wusste Heuss.

Kurz nach seinem praktisch folgenlosen Ja wurde sein semikritisches Buch *Hitlers Weg* verbrannt. Heuss fand dies damals »nicht zu tragisch«. »Unerfreulich« sei nur, dass »mein Name neben einigen der Literaten steht, die zu bekämpfen meine wesentliche Freude« gewesen sei. Diese Freude gewann er nach dem Krieg zurück und meinte als Kultusminister von Württemberg-Baden zur Umbenennung von Straßen: »Für einen Krampf halte ich, etwa Ossietzky, Ernst Toller und gar Erich Mühsam zu verewigen.«

Der Depp
Heinrich Lübke, CDU, 1959 bis 1969: Ob Lübke in Liberia seine Gastgeber wirklich mit »liebe Neger« angeredet hat, ist nicht dokumentiert. Zuzutrauen aber war das

dem früheren Bauernfunktionär allemal. Denn verbürgt sind zahlreiche andere aufschlussreiche Bemerkungen, etwa diese von einem Staatsbesuch 1966 in Madagaskar: »Die Leute müssen ja auch mal lernen, dass sie sauber werden.« Doch so dumm dieser Spruch war, wies er eine Klarheit auf, die Lübke in seiner zweiten Amtszeit nur noch selten erreichte.

Mit seinem wirren Gestammel, das die Zeitschrift *Pardon* der Nachwelt auf einer Platte erhalten hat, machte er sich zum Gespött. 1968 musste sich Lübke als erster Bundespräsident im Fernsehen rechtfertigen. Als Mitglied der »Baugruppe Schlempp« hatte er Unterkünfte für KZ-Häftlinge und Zwangsarbeiter gebaut, was Lübke stets als von der DDR gestreute Verleumdung zurückwies. Tatsächlich überhöhte die DDR Lübkes Rolle und schlachtete diese propagandistisch aus. Im Kern trafen die Vorwürfe jedoch zu.

Der Ausrutscher
Gustav Heinemann, SPD, 1969 bis 1974: Ein Mann, der erklärtermaßen nicht den Staat, sondern seine Frau liebte und auch sonst durch nichts für das Amt qualifiziert war: Anders als seine Vorgänger hatte er keinen Führer ermächtigt und keine KZ-Baracken gebaut. Anders als seine drei Nachfolger (und als sein Gegenkandidat, der CDU-Politiker Gerhard Schröder, der prompt die 22 Stimmen der NPD bekam) hatte er weder Verantwortung in der NSDAP übernommen noch in der SA oder der Wehrmacht gedient.

Nein, Heinemann gehörte dem evangelischen Widerstand an. Aus Protest gegen die Wiederbewaffnung trat er 1951 als Bundesinnenminister zurück und aus der CDU aus, leitete später als Justizminister der SPD, zu der er nach dem Scheitern seiner Gesamtdeutschen Volkspartei gewechselt war, eine Humanisierung des Strafvollzugs ein und zeigte Wohlwollen für die revoltierende Jugend. Noch heute rätseln Historiker, wie es zu einer solchen personalpolitischen Panne kommen konnte.

Der Troubadour
Walter Scheel, FDP, 1974 bis 1979: Als junger Mann war Scheel Mitglied der NSDAP und Offizier der Luftwaffe, als Außenminister wirkte er an der Ostpolitik mit und verpasste der FDP ein sozialliberales Programm (das heutzutage den Verfassungsschutz interessieren könnte). Als Präsident machte er das, was der Parvenü »auf den Putz hauen« nennt: Er ließ seine Dienstvilla mit mondänen Accessoires aufhübschen, den Weinkeller mit Champagner auffüllen und hatte noch Jahre später die höchste Spesenrechnung aller Würdenträger a. D.

Die Bilanz wäre also ausgeglichen und der jovial-biedere Scheel vergessen, wäre da nicht ein grobes ästhetisches Vergehen: »Hoch auf dem gelben Waahaagen / Sitz ich beim Schwager vorn / Vorwärts die Rosse traahaaben / Lustig schmettert das Horn«, sang Troubadix Scheel und gelangte damit, als wollte er beweisen, dass die Modernisierung der Ära Brandt eine Lüge war, auf Platz 5 der deutschen Charts.

Der Wandersmann
Karl Carstens, CDU, 1979 bis 1984: Gleich 1933 trat Carstens der SA und später der NSDAP bei. Später fiel der Rechtsprofessor als glühender Befürworter der Berufsverbote und als ebenso glühender Gegner der Oder-Neiße-

Grenze auf. Oder, indem er Heinrich Böll vorwarf, dieser habe »unter dem Pseudonym Katharina Blum« ein gewaltverherrlichendes Buch geschrieben. Strafrechtlich relevant war das nicht. Dass ein Gericht »erhebliche Anhaltspunkte« dafür erkannte, dass Carstens als Fraktionschef der CDU/CSU vor einem Untersuchungsausschuss (zu Verbindungen des Bundesnachrichtendienstes zum Waffenhandel) eine Falschaussage gemacht hatte, hingegen schon.

Als Präsident wanderte er mit seiner Frau Veronica durchs Land und gab hernach zu Protokoll: »Es war überall sehr schön.« Und sonst? Hier ein gutes Wort für die Atomkraft, dort ein Verdienstkreuz für einen argentinischen Putschisten, was man halt so macht, wenn das Amt ranzig ist und der Amtsträger rüstig.

Der Saubermann
Richard von Weizsäcker, CDU, 1984 bis 1994: Mitte der Sechzigerjahre gehörte Weizsäcker der Geschäftsleitung des Chemieunternehmens Boehringer Ingelheim an, wo seinen Biografen Werner Filmer und Ernst Schwan zufolge »keine wichtige Unternehmensentscheidung« ohne ihn fiel. Als bekannt wurde, dass die Firma Bestandteile des Entlaubungsmittels Agent Orange, an dessen Einsatz die Vietnamesen bis heute leiden, in die USA geliefert hatte, ließ Weizsäcker wissen, er habe davon nichts gewusst. Als Adjutant des Regimentkommandeurs war Weizsäcker am Überfall auf die Sowjetunion beteiligt. Vom Treiben der SS-Einsatzgruppen hinter der Front, so ließ er später wissen, habe er nichts gewusst.

Als 1991 ein Mitarbeiter des *Stern* eine Geschichte über Kriegsverbrechen recherchierte, die Soldaten von Weizsäckers 23. Infanteriedivision begangen hatten, ließ dieser wissen, er habe davon nichts gewusst – ebenso wie er nichts darüber wusste, warum der *Stern* die Geschichte plötzlich nicht mehr drucken wollte. Dabei verdankt Weizsäcker seinen tadellosen Ruf vor allem der Rede, die er zum 40. Jahrestag des Kriegsendes hielt: »Der 8. Mai war ein Tag der Befreiung. Er hat uns alle befreit von dem menschenverachtenden System der nationalsozialistischen Gewaltherrschaft«, sagte er, und man möchte ihm heute noch zurufen: Potzblitz, darauf muss man erst mal kommen!

Befreit wurde nach Weizsäckers Lesart auch sein Vater Ernst, SS-Brigadeführer und wegen der Deportation von 6.000 französischen Juden nach Auschwitz zu fünf Jahren Haft verurteilter Staatssekretär im Auswärtigen Amt. Richard stand seinem Vater im Kriegsverbrecherprozess als Hilfsverteidiger zur Seite und hält dieses Urteil immer noch für ungerecht. Ernst von Weizsäcker hatte sich übrigens in Nürnberg damit verteidigt, von den Vorgängen in Auschwitz habe er nichts gewusst.

Der Richter
Roman Herzog, CDU, 1994 bis 1999: Nazi war Herzog schon aus Altersgründen nicht. Er ließ sich nur von welchen fördern: vom NS-Marinerichter Hans Filbinger etwa, der ihn 1978 ins baden-württembergische Kabinett holte. Oder seinem Doktorvater Theodor Maunz, der erst das »Judentum in der Rechtswissenschaft« bekämpfte, dann zum einflussreichen Grundgesetzkommentator aufstieg und bis zu seinem Tod 1993 anonym für die *Nationalzeitung* schrieb.

Herzog brachte es bis zum Präsidenten des Bundesverfassungsgerichts und erläuterte als solcher, dass das verfassungsmäßige Verbot der Todesstrafe nicht etwa das bedeute, was der Laie darunter verstehe (ein Verbot der Todesstrafe). 1997 hielt er die erste *Berliner Rede* eines Bundespräsidenten, die in Ton und Inhalt an ältere Berliner Reden erinnerte: »Durch Deutschland muss ein Ruck gehen. Wir müssen Abschied nehmen von lieb gewordenen Besitzständen. Alle sind angesprochen, alle müssen Opfer bringen.« Dann übernahmen Schröder, Fischer und Hartz.

Der Frömmler
Johannes Rau, SPD, 1999 bis 2004: Kein anderer späterer Bundespräsident fühlte sich bereits als junger Mann derart zur Schulmeisterei und also zum Amte berufen wie Rau. Als Redakteur evangelischer Magazine belehrte er junge Leute über den gottgefälligen Lebenswandel. Als Bundespräsident eilte ihm der Ruf voraus, er halte große Reden und erzähle famose Witze. Zum Beispiel diesen: »Karl-Otto, warum warst du nicht auf der letzten Ortsvereinsversammlung?« – »Wenn ich gewusst hätte, dass es die letzte ist, wäre ich gekommen.«

Vollkommen ernst hingegen meinte Rau so was: »Die Welt mag im Argen liegen, aber da soll sie nicht liegen bleiben.« Als ein paar Schummeleien (eine Geburtstagsfeier und private Flugreisen auf Kosten der WestLB) aus seiner Zeit als Ministerpräsident von NRW herauskamen, korrigierte er seine Aussagen so lange, bis die Öffentlichkeit eingelullt und – für einen Berufsprotestanten das Wichtigste – sein Gewissen bereinigt war.

Der Banker
Horst Köhler, CDU, 2004 bis 2010: Als Staatssekretär war Köhler daran beteiligt, im Zuge der Wiedervereinigung die Sozialkassen zu ruinieren, später gab er als IWF-Direktor

den darbenden Argentiniern den Rest. Als Bundespräsident aber wollte er mehr sein als ein Sparkassenfilialleiter, weshalb er sich fatalerweise seinen Vorgänger statt zur Warnung zum Vorbild nahm: »Ich will den Afrika-Verein der deutschen Wirtschaft sehen wie einen Baum mit Wurzeln an beiden Enden des Stammes. Die Wurzeln des Vereins sind in Hamburg verankert. Aber der Verein hat es geschafft, auch in Afrika Wurzeln zu schlagen.«

So ging das, Regina Stötzel hat es mal in der *Jungle World* dokumentiert, in einem fort. Köhler sprach von festen, tiefen, langen und verzweigten Wurzeln, von kulturellen, historischen, religiösen, beruflichen und ethischen, von einheimischen Wurzeln und von Wurzeln von weit her. Als er seinen Wurzelrednerjob schmiss, waren die Medien keinesfalls erleichtert, sondern warfen ihm vor, er habe damit, na klar, das »Amt beschädigt«.

Der Wulff
Christian Wulff, CDU, seit 2010: Ja, und dann der.

Demokratie ist, wenn's Ergebnis passt

Der Kapitalismus wird auch immer seltsamer: Früher bestellte das Kapital ein paar Laufburschen in die Regierung, den »geschäftsführenden Ausschuss der Bourgeoisie«, wie es im *Kommunistischen Manifest* heißt, und fürchtete nichts so sehr, wie dass die Roten die Macht übernehmen könnten. Heute brechen die Börsenkurse in aller Welt ein, weil die italienischen Sozialisten die Mehrheit in einer der beiden Kammern des Parlaments verpasst haben. Demokratie ist, wenn das Ergebnis passt.

Verlass hingegen ist auf deutsche Kommentatoren. Beseelt von der Überzeugung, dass alle Macht vom Leitartikel ausgehe, reagieren sie persönlich beleidigt, weil mehr als die Hälfte der Italiener die Empfehlungen aus Deutschland ignorierend nicht für ein Programm zur Selbstverarmung (Monti) oder für ein Programm zur Selbstverarmung (Bersani) gestimmt hat, sondern für Grillo und Berlusconi, also für zwei »Klamauk-Künstler« *(FAZ)* bzw. »Komiker« *(SZ)* bzw. »Clowns« *(Steinbrück)*. Pressevielfalt ist, wenn alle dasselbe meinen wie die eigene politische Klasse.

Auf immerhin ein bisschen Verständnis dürfen Beppe Grillos Wählerinnen und Wähler, vor allem die vielen jungen unter ihnen, hoffen: die Wut auf das Establishment, die Jugendarbeitslosigkeit, die steigenden Abgaben, ja, da kann man schon mal »leck mich« sagen. Für Silvio Berlusconis Wähler gilt das nicht. Wie können die nur?, stöhnt man fassungslos. Wie können die nur?

Dafür weiß man zweieinhalb Erklärungen: das Peppone-und-Don-Camillo-Syndrom, also die Angst vor dem Exkommunisten Pier Luigi Bersani, vor allem aber der Ärger über die von Merkel aufgezwungene Sparpolitik und die Gehirnwäsche durch Berlusconis Medienmacht.

Doch hat sein Comeback einen weiteren Grund. So schmierig und mafiös er ist, hat er etwas, das deutschen Politikern fast völlig fehlt: etwas Menschliches, ja Knuddeliges. Berlusconi ist einer, der das Leben genießt und nicht alles so bierernst nimmt. Einer, der gerne isst und trinkt und vögelt und sich um eine *bella figura* bemüht. Ein sonniges Gemüt, das zum Fußball geht und bei der Steuererklärung schummelt.

Berlusconi steht für das gute Leben, welches er auch seinen Wählern verspricht: Wohlstand, Vergnügen, Steuergeschenke. Er würde seine Versprechen nicht einlösen, wenn er eine weitere Gelegenheit dazu bekäme. Aber immerhin verheißt er etwas anderes als Graubrot, Graubrot, Graubrot. Berlusconi ist ein bisschen so, wie die Leute selbst sind und noch mehr so, wie sie es selbst gerne wären. Und an Bunga-Bunga auf Sardinien ist allenfalls auszusetzen, dass man sich selber den Spaß nicht leisten kann.

In Deutschland wären Sympathien für so einen undenkbar. Hier gilt: Was ich nicht habe, soll auch sonst keiner haben. Wenn ich schlechten Sex habe, soll sich auch sonst niemand amüsieren. Wenn ich nur einen Pass besitze, sollen die Ausländer gefälligst auch keinen zweiten haben. Und eben: Wenn mein Leben aus freudloser Plackerei besteht, dann sollen sich die anderen genauso totschuften. Deshalb schlägt einem Hasso Plattner derselbe Neid entgegen wie einem Florida Rolf. Gerechtigkeit ist, wenn es allen scheiße geht.

Und dann gibt es noch etwas, das man hierzulande nicht verstehen will: »Die betroffenen Länder haben gesündigt, und nun müssen sie büßen«, hat Paul Krugman einmal die deutsche Interpretation der Eurokrise beschrieben. Aber womöglich war der Euro angesichts der großen ökonomischen Unterschiede innerhalb der EU von Anfang keine so gute Idee. Vielleicht war es falsch, dass man sich, getrieben von der Sorge um ein allzu starkes wiedervereinigtes Deutschland, eine gemeinsame Währung gab, diese aber nach deutschem Muster als harte Währung konzipierte. Und womöglich wäre es für Italien, Spanien und Griechenland tatsächlich besser, aus dem Euro auszusteigen, um sich auf bewährte Weise ihrer Schulden zu entledigen: durch Inflation und Wirtschaftswachstum.

Aber einen solchen Gedanken auszusprechen, bedeutet für deutsche Medien ungefähr dasselbe, als würde man Straffreiheit für Pädophilie fordern oder mutmaßen, der Mossad hätte die Anschläge vom 11. September inszeniert. Politik ist, wenn es keine Alternativen gibt.

Spaghettis raus!

Alle fragen: Gehört die Türkei zu Europa? Oder Russland? Oder Afghanistan? Kann man schon mal fragen. Aber was ist mit den Ländern, die sich in die EU geschlichen haben, weil niemand aufgepasst hat? Was ist zum Beispiel mit Italien?

Vor der EU gab es die Europäische Wirtschaftsgemeinschaft, gegründet 1957 in Rom. Aber: »Rom ist die Hauptstadt von Italien«, informiert *taz*-Experte Enrico Ippolito (31). Wäre die EU nicht in Rom gegründet worden, nie im Leben hätte es Italien in die EU geschafft. Fakt ist: Die EU ist demokratisch. Italien hingegen hat das Papsttum, die Mafia und den Faschismus (schlimme Diktatur 1922–1945) erfunden. Und den Fußball-Faschismus (»Catenaccio«), mit dem sie ständig UNSERE Titelträume kaputtmachen!

LÄNDERINFO ITALIEN

Hauptstadt: Rom
Größe: groß
Bevölkerung: laut
Exportgüter: Schuhe, Nudeln, Schutzgelderpressung
Berühmte Leute: Berlusconi, Mussolini, Trapattoni
Berühmte Orte: Venedig, Lampedusa, Eiscafé »Venezia«
Kultur: Turm von Pisa, Bunga-Bunga, Felicità
EU-Tauglichkeit: null

In einer Demokratie regiert ein gewähltes Parlament, in Italien regiert die Mama. In der EU gibt es Pressefreiheit, in Italien beherrscht Berlusconi (antideutscher Ex-Ministerpräsident) das Programm. In der EU herrscht Transparenz, Italien ist das Mutterland der Korruption: Milliarden EU-Gelder fließen in »Bauwerke«, die nie fertig werden (Brücke nach Sizilien, Fahrradwege in Neapel, Turm von Pisa). Jährlicher Schaden für Europa: 120 Milliarden Euro!

In Europa schuften die Leute hart für ihren Wohlstand, in Italien herrscht »La Dolce Vita« (Italienisch für: Kollege kommt gleich). Und: Die EU ist gastfreundlich. Die Spaghettis geben die ganze Zeit mit ihren Angeber-Schuhen und ihrer »Bella Figura« (Italienisch für: Angeber-Figur) an, können sich aber nicht benehmen: Vor nicht langer Zeit waren sie noch selber Ausländer (Jon Bon Jovi, Giovanni di Lorenzo), haben aber daraus nichts gelernt, behandeln ihre Ausländer mies (kein Asylrecht, Massenabschiebungen von Kindern). Darum will niemand in Lampedusa bleiben, alle wollen weiter. Denn die Flüchtlinge wissen: Italien gehört nicht in die EU!

Bergiges Ödland bzw. ödes Bergland

In Österreich hasst jeder jeden. Der eine Ösi hasst den anderen Ösi, die Männer hassen die Frauen, die Frauen die Männer, die Wiener die Bauern, die Bauern die Wiener, und alle zusammen hassen Ausländer, Juden und die EU.

Ständig ist der Ösi am »Sudern« (Ösisch für: jammern); ein Volk von Mitläufern und Feiglingen, das gegen jede Veränderung »grantelt« (Ösisch für: FPÖ wählen). Aber wenn's mal gutgeht, hat er es »immer schon g'wusst« (Ösisch für: Experten hatten frühzeitig darauf hingewiesen). Wie bei Conchita Wurst, die die Ösis plötzlich »ganz narrisch« finden (Ösisch für: ein interessantes, nicht hetero-normatives Narrativ).

Diese Eigenbrötler sind den Schweizern (Volksabstimmungen gegen Ausländer und Mindestlöhne) zum Verwechseln ähnlich. Denn: »Österreich und die Schweiz sind Alpenländer«, warnt *taz*-Expertin Saskia Hödl (29). Engstirnig sind beide (kein Meerzugang!), die Ösis sind nur ärmer.

LÄNDERINFO ÖSTERREICH
Hauptstadt: Wien
Größe: klein
Bevölkerung: debil
Exportgüter: Mozartkugeln, Red Bull, Hitler
Berühmte Leute: Sissi, Freud, Fritzl
Berühmte Orte: Wiener Prater, Großglockner, Fritzlkeller
Kultur: Schwarzenegger, Schnitzel, Fritzl
EU-Tauglichkeit: null

Kein Wunder, dass die Ösi-Literaten (Thomas Bernhard, tot, Elfriede Jelinek, 67) mit Ösi-Witzen berühmt geworden sind und die Psychoanalyse in Wien erfunden wurde. So viele »Depperte« (Ösisch für: Klienten) findet man sonst nirgends (»Ösipus-Komplex«). Der Ösi hält sich für einen Kulturmenschen (Mozart-Kugel, Sacher-Torte), liest aber nur Idioten-Presse: *Kronen Zeitung*, *heute*, *Österreich*. Klingen alle nach FPÖ und BZÖ, sind aber ÖVP und SPÖ. Den Unterschied kapiert sowieso nur der Ösi.

Der größte Teil von Österreich ist bergiges Ödland bzw. ödes Bergland. Die einzige Stadt – Wien – ist die ödeste Stadt Europas: Supermärkte schließen um sieben, Lokale um zwölf, die Hauptattraktion ist ein großes Rad (»Riesenrad«). Dafür lieben die Mafia und Schurken aller Art Österreich (Golowatow, Gaddafi). Für Verbrecher hat die Ösi-Polizei (Major Kottan, Kommissar Rex) ein großes Herz, fuchsig wird sie nur bei Demonstranten. Politik und Wirtschaft sind eng miteinander verbandelt (»Freunderlwirtschaft«, Ösisch für: Fritzlwirtschaft), ständig gibt es Affären, immer heißt's: »Es gilt die Unschuldsvermutung.« Mit dieser Nummer haben sich die Ösis auch beim Anschluss von 1938 an den österreichischen (!) Reichskanzler Hitler – den einzigen Tapetenwechsel, den die Ösis je bejubelt haben – hinterher aus der Affäre gezogen. Darum heißt es jetzt in ganz Europa: »Babatschi, Ösis!« (Ösisch für: Tschö mit Ö, Ösis!)

Kriegsgrund: Vokalmangel

Kroatien ist erst seit letztem Jahr EU-Mitglied. Jetzt fragen alle: Wie konnte das passieren? Wer hat die reingelassen? Und was ist das überhaupt, Kroatien? Nun, so wie Slowakien und andere Phantasie-Republiken entstand Kroatien in den Neunzigern, als ein paar Dorfälteste nach dem Genuss von ein paar Flaschen Sliwowitz ihren Landstrich für unabhängig erklärten. Dabei wedelten sie wild mit dem vollgekleckerten Tischtuch herum, wodurch der neue Staat seine Nationalfahne erhielt.

Die Balkan-Kriege (1991-99, mitten in Süd-Ost-Europa!) waren also größtenteils Folge einer Schnapslaune. Aber nicht nur. Denn die Jugos hatten zwar viele Gemeinsamkeiten (Sliwowitz, Hütchenspiel, Wettbetrug), aber auch knallharte Konflikte. Der krasseste: die Vokal-Ungerechtigkeit. Der Bonze im Kosovo schwelgte im Vokal-Überfluss, während der Serbe (»Srpski«), der Montenegrer (»Crna«) und der Kroate (»Hrvat«) unter akutem Vokalmangel litten.

Ein paar sinnlose Kriege später hat sich daran nichts geändert: »Prst« (Kroatisch für: Finger), »Krv« (Kroatisch für: Blut), »Krk« (Kroatisch für: Krk). Nur, dass die Schnapsnasen vom Balkan plötzlich zur EU gehören. Aber: »E und U sind Vokale«, analysiert *taz*-Expertin Doris Akrap (39). Jetzt fragen alle: Wie kommt ein praktisch vokalloses Land in die Vokal-Gemeinschaft EU?

LÄNDERINFO KROATIEN

Hauptstadt: Zagreb
Größe: klein
Bevölkerung: gesäubert
Exportgüter: Krawatten, Serben
Berühmte Leute: Ante Pavelić, Ante Gotovina, Ante Šapina
Berühmte Orte: Bratuš, Adria-Grill, Café King
Kultur: Schach, Schachbrettmuster, Ethnische Säuberung
EU-Tauglichkeit: null

Der Krieg hat den Kroaten zwar keine neuen Vokale gebracht (alle vorhandenen stammen noch aus der Tito-Zeit), aber neue Gebiete. Clever: Sie überließen die unwegsamen Berge ahnungslosen Hinterwäldlern (»Bosnien«) und rissen sich die gesamte Jugo-Küste unter den Nagel, inklusive der über tausend Inseln, die jetzt den Blick aufs Meer versperren. Darum werden die Kroaten-Krieger als »Heroj« (Kroatisch für: Kriegsverbrecher) gefeiert.

Benannt ist Kroatien nach der ersten und lange Zeit einzigen Erfindung, die diesen Leuten je geglückt ist: der Krawatte. Später überlegte man, das Land in »Ethnische Säuberung« umzubenennen, verzichtete dann aber wegen Verwechslungsgefahr.

Krawatte trägt der Kroate praktisch nie. Dafür baut er ständig irgendwelche »Ferienhäuser«, verliert aber schnell die Lust und lässt die Bauruinen in der Landschaft stehen, die er trotzdem an gutgläubige Touristen vermietet.

Die Straßen sind zu kurvig, die Menschen zu eckig, die Strände zu felsig (Seeigel-Alarm!). Lidl führt einen verzweifelten Kampf gegen Märkte, auf denen kroatische Bauern (das ist quasi jeder, der nicht gerade in der Armee dient) selbstgebrannten Pflaumen-Schnaps, selbstgeräucherten Schweine-Schinken, selbstgeplündertes Hab und Gut der serbischen Nachbarn und die Dritten Zähne ihrer Großeltern verkaufen. Kroatien muss sofort wieder raus aus der EU – am besten noch in der Probezeit!

Dieses verdammte, beschissene »Aber«

Die Leichen in Paris waren noch nicht kalt, als die Ersten in Deutschland versuchten, sie für ihre Zwecke zu vereinnahmen: Pegida, Alexander Gauland von der AfD, einschlägige Webseiten, am Ende sogar die NPD, die auf ihrer Facebook-Seite erklärte, nun ebenfalls Charlie zu sein. Diesen Leuten sind ein paar linksliberal-anarchistische Karikaturisten scheißegal, sie freuen sich nur wie Bolle, ihre Ressentiments bestätigt zu sehen.

Darum, Spackos, hört zu: Wagt es nicht, die Toten von Paris zu instrumentalisieren. Denn für euch hätten die Satiriker von *Charlie Hebdo* zur »Lügenpresse« gehört. Ihr könntet ahnen, was sie für euresgleichen übriggehabt hätten. Was sie für euresgleichen in Frankreich übrighatten. Was die *Titanic*, der *Postillon* oder die *heute show* für euch übrighaben: nüscht. Absolut nüscht. Außer Kritik, Spott und Verachtung. Ihr habt kein Recht, euch der ermordeten Satiriker zu bemächtigen.

Im Oktober 2014, während der Belagerung von Kobani durch den Islamischen Staat, also zur selben Zeit, als euer Rädelsführer in einem kleinen Haufen kurdischer Demonstranten in der Dresdner Innenstadt den Untergang des Abendlandes heranziehen sah und auf die Idee mit den wöchentlichen Aufmärschen kam, erklärte der nun ermordete *Charlie*-Chefredakteur Stéphane Charbonnier (Charb): »Aujurd'hui, je suis Kurde« – »Heute bin ich Kurde«. Denn die Kurden würden, so schrieb er in einem Beitrag für die KP-nahe Tageszeitung *L'Humanité,* »uns alle verteidigen, nicht gegen einen phantasierten Islam, den die Terroristen der ISIS nicht vertreten, sondern gegen das barbarischste Gangstertum«.

Je suis Kurde! Zwischen ihm und euch liegt ein ganzes Universum. Denn Charbonnier und seine Kollegen waren, wie alle guten Satiriker, Humanisten. »Gekränkte Idealisten«, wie es Kurt Tucholsky einmal formulierte. Ihr Antrieb war die Verzweiflung über inhumane Verhältnisse in der Welt, gegen die sie ihre Waffe richteten: den Humor. Diese Haltung ist in allen Zeichnungen von Cabu, Charb, Tignous und Wolinski zu erkennen, gerade auch in den Zeichnungen, in denen sie sich Vertreter von Religionen vorknöpften, gerade auch in den Zeichnungen, die sich mit Muslimen und Islamisten beschäftigten und wohl derentwegen sie von islamfaschistischen Killern ermordet wurden.

Damit wären wir bei der anderen Seite: Ich wünsche jedem islamischen Vorbeter und seinem Nachbeter, der der Verurteilung des Mordes ein »Aber« hinterherschiebt, lebenslang Dresden an den Hals. Dieses »Aber« war am Mittwoch nicht in offiziellen Stellungnahmen in Deutschland zu hören, dafür umso mehr in sozialen Netzwerken. Und es sind weniger irgendwelche Salafisten, nicht mal allein Muslime, die sagen: »Ja, schlimm, aber die haben ja provoziert.« Aber man müsse die religiösen Werte und Gefühle respektieren. Aber die Islamophobie. So formulierte es beispielsweise der türkische Außenminister Mevlüt Çavuşoğlu. Es ist exakt dasselbe verlogene und beschissene »Aber«, wie man es von den Klemmrassisten von der AfD und Pegida kennt: »Ich habe nichts gegen Ausländer, aber ...«

Es gibt kein Aber.

Genauso unerträglich ist die Formel, die Morde von Paris hätten nichts mit dem Islam zu tun, die nun allenthalben bemüht wird, ob nun aus Furcht vor einem Aufflackern des Rassismus oder aus weniger ehrenhaften Gründen. Es ist Blödsinn. Denn *den* Islam gibt es nicht; der Islam ist die Summe dessen, was diejenigen, die sich auf ihn berufen, daraus machen.

Und was ein nennenswerter Teil daraus macht, ist Barbarei. Ob die Fatwa gegen Salman Rushdie oder der Mord an Theo van Gogh – in der jüngeren Geschichte waren es fast immer Muslime, die mit Gewalt gegen die Freiheit der Kunst vorgingen. Und stets konnten sich die Anstifter und Mörder darauf verlassen, dass eine Reihe von Menschen im Namen des Islams oder des Antirassismus ihrer Tat mit einem verdrucksten »Aber« mindestens eine gewisse Berechtigung zubilligen würden. Das kollektive Dauerbeleidigtsein haben die Muslime ziemlich exklusiv; das Verständnis in einem Teil der linksliberalen Öffentlichkeit ist ihnen gewiss. Die Mörder sind eben nur ganz besonders Beleidigte.

Zugleich gibt es die im Gouvernantenton vorgetragene Aufforderung, man möge sich doch distanzieren. Doch darum geht es nicht. (Die beste Antwort darauf lautet immer noch: »Deine Mudda soll sich distanzieren!«) Es geht vielmehr darum, dass die Muslime sich schon um ihrer selbst willen dem Problem stellen müssen, dass diese Irren Teil des Islams sind – und die weltweit meisten Opfer dieser Irren selber Muslime. Auch ein solches Problem haben die Muslime heutzutage ziemlich exklusiv.

Denn *Charlie Hebdo* hat nicht allein muslimische Frömmler und Fundamentalisten verspottet, sondern auch christliche oder jüdische. Anschläge und am Ende der Mord jedoch kamen nur von einer Seite. Darum haben auch die Muslime ein Problem. Sie schaden sich selbst, wenn sie sich das nicht eingestehen und sich hinter Phrasen wie »der Terror hat keine Religion« verstecken. Sie schaden der Wahrheitsfindung. Und wer den Befund nicht kennt, wird keine Linderung finden. Es sind nicht alle Katzen grau; so wie Pegida eben kein gesamtdeutsches, sondern ein ostdeutsches Phänomen ist.

Aber, auch diese Differenzierung muss sein, rassistische Dumpfbacken sind nicht dasselbe wie kaltblütige Killer. Die Entsprechung der Mörder von Paris ist nicht Pegida, sondern Anders Behring Breivik. Doch faschistische Killer entstehen in einem geistig-politischen Umfeld, das Mord und Terror zwar ehrlich verurteilt, aber grundlegende Ansichten und Gefühlslagen mit den Mördern teilt.

Die ermordeten Zeichner und Journalisten von *Charlie Hebdo* sind – man muss das so pathetisch formulieren – Helden. Nicht durch die Umstände ihres Todes sind sie dazu geworden, sie waren es vorher schon, weil sie unerschrocken für *liberté, égalité, fraternité* gekämpft haben. Dieser Kampf wird bleiben, und er findet in Frankreich, in Deutschland, in Syrien und anderswo an mehreren Fronten statt. Und noch etwas wird bleiben: ihr Werk.

Ich verneige mich.

Ein irres Land
Über die Türkei

Nieder mit manchen Sachen

Jede türkische Frau soll drei Kinder gebären, findet Recep Tayyip Erdoğan – nur eine von unzähligen Maßregelungen der vergangenen Jahre, auf die der türkische Ministerpräsident nun eine Antwort erhält: »Wollt ihr immer noch drei Kinder?« steht an einer Wand in der Nähe des zentralen Taksim-Platzes in İstanbul. Und in einer Seitengasse: »Wollt ihr wirklich drei Kinder wie uns?«

Bereits diese Replik zeigt, was die jungen Leute vom Gezi-Park und ihre Freunde im Rest des Landes von früheren Protestgenerationen in der Türkei unterscheidet: ihr Witz und ihre Ironie, mit der sie die Herrschenden der Lächerlichkeit preisgeben. So steht an einem ausgebrannten und als Barrikade genutzten Stadtbus: »Ihr habt euch mit der Generation angelegt, die bei GTA die Polizei schlägt.«

Dass Erdoğan und seine Polizeiführer diese Anspielung auf *Grand Theft Auto* ebenso wenig verstehen dürften wie die übrigen Verweise auf andere Computerspiele (»Call of duty Taksim«) oder US-Fernsehserien (»Recep Tywin Lannister«), macht die Sache nur noch lustiger. Wandparolen und Sprechchöre werden zu Tweets, Tweets zu Parolen, die am Gezi-Park an Bäumen und Zelten hängen oder rund um den Taksim-Platz an Fassaden, auf den Asphalt und jede andere sich bietende Fläche gesprüht sind.

Wer dort noch ein paar freie Zentimeter findet, kann selber eine Botschaft hinterlassen. Denn so, wie die Fliegenden Händler von İstanbul bei jedem Wolkenbruch plötzlich Regenschirme feilbieten, führen sie nun Aufstandsbedarf im Sortiment: Atemschutzmasken, Taucherbrillen und eben Spraydosen. Dazu gibt es Maronen und Dosenbier, und wegen der vielen fahrbaren Köftestände ist der Platz, seitdem sich die Polizei vor zehn Tagen aus dem gesamten Stadtzentrum zurückgezogen hat, abends derart in Rauch gehüllt, dass der Witz kursiert, Erdoğan würde nun Grillqualm anstelle von Tränengas einsetzen.

Eine der häufigsten Parolen lautet: »Die Lösung heißt Drogba.« Dass der Fußballer Didier Drogba, der beim FC Chelsea zum Weltstar wurde und inzwischen bei Galatasaray spielt, zur »Lösung« erklärt wird, verweist nicht nur darauf, dass die Ultras der großen İstanbuler Clubs maßgeblich an der Verteidigung des Taksim-Platzes beteiligt waren. Fußballvereine präsentieren Neuzugänge gern als »Lösungen«, auch politische Parteien und Bewegungen haben ihre »Lösungen«: Erdoğan, Atatürk, Sozialismus, was auch immer. »Lösung Drogba« ist eine Absage an eine Politik der schablonenhaften Lösungen und heroischen Erlöser.

Doch der Spruch hat eine weitere Bedeutung: Drogba wird in der Elfenbeinküste nicht nur als Fußballer verehrt, sondern auch für sein Engagement, das Land nach dem Bürgerkrieg zu versöhnen. Erdoğan hat in den vergangenen Tagen, wenngleich unfreiwillig, Ähnliches geleistet. Seine Anhänger stehen zwar weiter zu ihm, aber dem Protest angeschlossen haben sich inzwischen etliche zuvor verfeindete Gruppen: Kemalisten und Kurden, orthodoxe Linke und neue Liberale, Aleviten und »Antikapitalistische Muslime«, Feministinnen, Homosexuelle und Ultras von Beşiktaş, Fenerbahçe und Galatasaray. »Tayyip, du hast alle vereint«, steht denn auch an der Einkaufsstraße İstiklal.

Kein Wunder also, dass sich diese jungen Leute Erdoğans Wort von den »drei oder fünf *çapulcu*« (»Marodeuren«) sofort aneigneten. Der Begriff ging um die Welt, nicht zuletzt in der anglisierten Form »Everyday I'm chapuling«; *çapulcu*-Witze machten derart die Runde, dass viele Aktivisten sie schon nicht mehr hören können. Weiterhin variiert wird dafür »Diren Gezi-Parkı« (»Leiste Widerstand, Gezi-Park«), die Parole vom Anfang der Proteste. »Diren Kapital« heißt es etwa am Marmara-Hotel, das, wie alle Luxushotels rund um den Taksim-Platz, den Demonstranten Zuflucht vor der Tränengasorgie der Polizei gewährt hat und in dessen Lobby die Parkbesetzer nun in aller Ruhe ihre Handys aufladen, die Toilette benutzen oder einen Tee aufs Haus trinken können.

Nicht durch Worte, aber durch Taten hat die Polizei ebenfalls unfreiwillig zum Anwachsen der Bewegung beigetragen. Und sie hat deren Fantasie beflügelt. Die Menschen haben es inzwischen gelernt, sich, so gut es eben geht, gegen Tränengas zu wappnen. In Ankara, wo es weiterhin Abend für Abend zu Straßenschlachten kommt, begrüßt die Menge die Polizei mit dem Ruf »Tränengas olé!«. Hier steht an Wänden: »Tränengas knallt gut«. Oder »Was haben die Reichen bloß für schöne Gasmasken«.

Ab und an wird es auch privat: »Der Wasserwerfer und ich sind seit zehn Tagen zusammen, das wird was Ernstes«, schreibt jemand. Es geht um die Liebe (»Sag, Liebster, kämpft diese Frau da besser oder ich?«). Und es geht um die Mütter. Auf der steilen und kurvigen İnönü-Straße, die sich vom Taksim-Platz zum Bosporus schlängelt und wo rund zwanzig Barrikaden von der Heftigkeit der Kämpfe zeugen, steht auf dem Asphalt: »Keine Sorge, Mama, ich bin weiter hinten.« Und aus Protest an der mangelhaften, teils bizarren Berichterstattung der türkischen Fernsehsender: »Schalt den Fernseher aus, Mama!« Keine unberechtigte Kritik eingedenk dessen, dass beispielsweise CNN-Türk eine Dokumentation über Pinguine ausstrahlte, als CNN-International bereits live vom Taksim-Platz berichtete.

Jetzt ist das Stadtzentrum eine befreite Zone, in der fast alle Geschäfte und Lokale trotzdem geöffnet haben. Dafür sind die Barrikaden nun eine touristische Attraktion. An einer hat jemand ein Schild mit der Aufschrift »Aufstandserinnerung« angebracht, vor dem sich Besucher fotografieren.

All das heißt nicht, dass die Old-School-Organisationen verschwunden wären. Wo im Park selbstgemalte Transparente das Bild bestimmen und noch Aufrufe zur Besonnenheit witzig daherkommen (»Bitte dieses Zelt nicht anzünden, wir haben die Raten noch nicht abbezahlt«), dominieren am Taksim-Platz die Banner und Losungen der ML-Gruppen und Linkskemalisten. Und manchmal kommt es zum fröhlichen Wettstreit. So hat jemand unter ein im ML-Pathos verfasstes Transparent (»Halt dein Rückgrat aufrecht – beuge dich nicht!«) gesprüht: »Die Lösung heißt Pilates.« Und auf »Wir sind die Soldaten von Mustafa Kemal!« antworten andere: »Wir sind die Soldaten von Mustafa Keser!« Keser ist ein bekannter, eher volkstümlicher Musiker, dessen Fans nicht unbedingt in der Twitter-Jugend zu finden sind.

Dann gibt es Sprüche, auf die sich alle einigen können: »Schulter an Schulter gegen den Faschismus«, eine linke Parole aus den Siebzigern etwa. Oder einen – hier frei übersetzten – Gesang von Çarşı, den Ultras des Fußballclubs Beşiktaş: »Los, sprüh dein Gas / Los, sprüh dein Gas / Wirf den Knüppel weg / Zieh den Helm aus / Zeig, dass du dich traust.«

Und allen voran ist da die Parole »Nieder mit manchen Sachen«. Das Foto mit dem auf den Asphalt gesprühten Graffito verbreitete sich in den ersten Tagen des Aufstands rasend schnell über die sozialen Medien. Auch deshalb, weil der Sprayer, ob irrtümlich oder in subversiver Absicht, den Spruch mit einem Rechtschreibfehler versehen hatte – als »Nieder mit manschen Sachen« könnte man diesen Fehler ins Deutsche übertragen.

Und vielleicht bringt gerade dieser Spruch den Charakter des Aufstands am besten auf den Punkt: der historische linke Fundus, aus dem man sich bedient, ohne das Vergangene zu wiederholen. Dazu die Leichtigkeit und Selbstironie, die Offenheit, die Vielfalt, den Wunsch nach Freiheit. Auch eine gewisse Unbestimmtheit, ein eher gefühltes und darum politisch unpräzises Unbehagen. Vor allem aber die rebellische Heiterkeit, mit der die jungen Leute vom Gezi-Park nicht nur ein Land auf die Beine, sondern auch zum Lachen gebracht haben.

Ein irres Land

Dieses Land ist komplett irre. Wenn die Entwicklungen der vergangenen zwei Wochen etwas endgültig bewiesen haben, dann das.

Dieses Land ist komplett irre. Gäbe es ein internationales Ranking sinnloser Tötungsdelikte, der Türkei wäre ein vorderer Platz sicher. (»Was guckst du so?« – »Was sagst du da?« – Zack!) Auch in Sachen Gewalt gegen Frauen geben die Türken noch immer eine beschämende Figur ab. Und zugleich sind die Bürger dieses Landes in der Lage, einander mit der größten Zärtlichkeit und Höflichkeit zu begegnen. Wer in diesen Tagen im Gezi-Park sieht, wie sie sich bei dem kleinsten Zusammenstoß über Gebühr entschuldigen, wer in einer flüchtenden Masse erlebt, wie sich die unterschiedlichsten Menschen umeinander kümmern, kann davon viel eher Tränen in die Augen bekommen als durch das Gas der Polizei.

Dieses Land ist komplett irre. Menschen, die noch vor ein paar Wochen füreinander Verachtung verspürten, stehen plötzlich Schulter an Schulter: Linksradikale und Liberale, Kurden und Kemalisten, Schwule, Lesben und – ja, auch das – gläubige Muslime und Anhänger der ultrarechten MHP (Graue Wölfe). Ultras der großen İstanbuler Fußballclubs sind dabei, Banker, Arbeiter, viele Aleviten und viele, sehr viele Frauen. Sie alle führen, aus teils ähnlichen, teils höchst unterschiedlichen Gründen, einen gemeinsamen Kampf. Das Bild der Woche: Ineinander eingehakt fliehen ein Mann mit der Fahne der kurdischen BDP und eine Frau mit einer türkischen Fahne samt Atatürk-Konterfei vor einem Wasserwerfer. Am Bildrand streckt ein Mann der Polizei den Gruß der Grauen Wölfe entgegen.

Zerrissen war die Gesellschaft immer nur auf politischer Ebene. Individuell sah die Sache anders aus. Kaum ein Linker, der keinen ultrafrommen Verwandten hätte, kein Kemalist ohne liberale Nachbarn. Wohl deshalb ist es möglich, dass Polizisten und Demonstranten spätnachts auf dem Taksim-Platz, wo sich die Staatsmacht inzwischen wieder aufgestellt hat, freundlich miteinander reden können. Reste feudaler Strukturen sind in einer kapitalistischen Gesellschaft nicht immer schlecht.

Dieses Land ist komplett irre. Weil es furchtlos ist. Bis vor ein paar Wochen tat man der Türkei kein Unrecht, sie als Land ohne Opposition zu bezeichnen. Die Linken schwach und größtenteils von gestern, die Kemalisten zu elitär, der Rest, allen voran die Jugend, zu passiv. Und plötzlich entsteht eine Bewegung, die auf jede Gewalttat der Polizei damit reagiert, dass tags darauf noch mehr Menschen in den Gezi-Park strömen.

Dieses Land ist komplett irre. Wer mit den Hoteliers spricht, die den Protestierenden im Notfall Zuflucht geben, mit Businessleuten aus den umliegenden Büros, die dort zur Hilfe eilen, wo sie können, bekommt noch vor aller Kritik an der Erdoğan-Regierung eines zu hören: Es geht um Menschlichkeit. Eine Phrase, unerträglich banal. Aber manchmal wahr.

Dieses Land ist komplett irre. Für einen Teil, einen großen sogar, war die Nationalfahne immer schon das zweitgrößte Heiligtum nach der Jungfräulichkeit der eigenen Töchter. Doch auf einmal empfinden auch Menschen, denen diese neurotische Nationalmeierei stets peinlich war, so etwas wie Stolz oder können Hymne und Fahne zumindest tolerieren.

Dieses Land ist komplett irre. Weil es so vergesslich ist. Knapp 17 Jahre ist es her, als nach dem Susurluk-Skandal, der weitreichende Verbindungen zwischen Politik, Sicherheitskräften, rechtsextremen Killern und Verbrechern an den Tag spülte, eine ähnlich spontane wie zivile Protestbewegung entstand, die das damalige

Establishment in den Grundfesten erschütterte. Doch so plötzlich diese Bewegung entstanden war, verschwand sie auch wieder.

Bis vor ein paar Wochen konnte man behaupten, dass die Erinnerung an die Eroberung Konstantinopels im Jahr 1453 in der Gesellschaft präsenter ist als die Erinnerung an Susurluk. Auch jetzt sagt ausnahmslos jeder, der in den vergangenen Wochen in İstanbul, Ankara oder İzmir, aber auch in den Provinzstädten wie Antakya oder Kayseri auf der Straße war oder auf Töpfe und Pfannen schlagend zuhause am Fenster protestiert hat, diesen Satz: Dieses Land wird nicht mehr dasselbe sein. Schön wär's. Aber man weiß nie. Denn dieses Land ist komplett irre.

»Große Sätze gehören allen«

Emrah Serbes, 34, ist Autor der Kriminalromanreihe Behzat Ç., *die in der Türkei zu einer erfolgreichen Fernsehserie wurde. Bei den Gezi-Protesten 2013 war er eine prominente Stimme der Demonstranten. Im Herbst kommt im Binooki-Verlag sein Gezi-Roman* Deliduman (Wilder Rauch) *heraus. Ein Gespräch über die Lehren aus der niedergeschlagenen Bewegung für die Demonstranten – und die Machthaber.*
Die Welt: **Herr Serbes, am 31. Mai jähren sich die Gezi-Proteste zum zweiten Mal. Ein Tag zum Feiern?**
Emrah Serbes: Ein Tag des Gedenkens an die jungen Leute, die verletzt oder getötet wurden. Es ist der Tag, an dem wir sagen, dass wir sie nicht vergessen haben. An dem wir den Herrschenden zurufen: Wir sind immer noch da! Aber ja, es ist auch ein Tag zum Feiern.

Weil?
Weil der 31. Mai ein Tag des Aufbegehrens war – und das an dem Platz, der 1977 Schauplatz eines Massakers wurde und den man uns danach immer verwehrt hat. Und wenn der Tod eines Kindes Hunderttausende Menschen bewegt, dann sind da immer Gefühle dabei.
Das erinnert an eine Ihrer Figuren aus dem Erzählband *Junge Verlierer*, die sagt: »Ihr braucht kein Tränengas zu schießen, meine Freunde sind sowieso sentimental.«
Das habe ich im Jahr 2009 geschrieben. Bei Gezi wurde dieser Satz zur Parole, die auf Transparente geschrieben und an Wände gesprüht wurde. Es ist schön, wenn etwas, das du geschrieben hast, sich so verselbstständigt.
Sie fühlten sich nicht enteignet?
Kein bisschen. In Antonio Skármetas Roman *Mit brennender Geduld* entwickelt ein Briefträger eine Freundschaft zu Pablo Neruda. Irgendwann schickt der Mann ein Liebesgedicht von Neruda an seine Angebetete und gibt es als sein eigenes aus. Neruda bekommt das mit und beschwert sich: »Das ist mein Gedicht«, sagt er. Der Briefträger antwortet: »Nein, Gedichte gehören denen, die sie brauchen.«
Ein großer Satz.
Ja. Und nicht, dass ich mich auf diese Stufe stellen möchte, aber die großen Sätze der Weltliteratur gehören allen. Sie brauchen keine Unterschrift. Der rumänische Philosoph Emil Cioran hat geschrieben, dass selbst von den größten Autoren am Ende nur ein paar Sätze übrig bleiben. Aber so einen Satz hinterlässt man nicht ohne große Anstrengung. Shakespeare ist nicht wegen seines Satzes »Sein oder Nichtsein?« zu Shakespeare geworden, son-

dern weil er einen so großartigen Charakter wie Hamlet erschaffen hat.

Sie schreiben in dem Band *Fragmente*: »Der Mensch kommt nicht von da, wo er auf die Welt kam, er kommt mehr von der Zeit, in der er auf die Welt kam. Seine Heimat ist diese Zeit. Der Mensch gehört an den Ort, an dem er seine Zeit aufhalten will.« Welche Zeit wollen Sie aufhalten?

Als ich das schrieb, hätte ich das nicht so klar beantworten können. Heute kann ich das: der 31. Mai 2013, hinter den Barrikaden am Taksim-Platz. Nicht wegen der Kämpfe mit der Polizei, sondern wegen dem, was wir dort erlebt haben: die Solidarität, den Humor, die spontane Organisierung, die Verantwortung füreinander. Dort fanden Menschen zusammen, die sonst nichts miteinander zu tun haben, die sich sonst vielleicht voreinander fürchten. Der Taksim-Platz ist eigentlich kein so sicherer Ort. Aber in den elf Tagen, als sich die Polizei zurückgezogen hatte, fühlten sich dort alle sicher, ganz besonders die Frauen. Ich hatte das Gefühl, dass ich diese Erfahrungen verarbeiten muss. Das habe ich in meinem letzten Roman *Deliduman* versucht.

Welche Erfahrung hat Sie besonders beeindruckt?

Zum Beispiel, dass selbst die Junkies, Alkoholiker und Diebe, die immer im Gezi-Park anzutreffen sind, dazugehörten. Sie fügen anderen Menschen vielleicht Schaden zu, aber sie tun es aus Not. Doch das größte Leid haben immer Leute verursacht, die Fruchtsaft trinken. Den Abriss des Gezi-Parks haben wir verhindert, aber für den neuen Flughafen und die dritte Bosporusbrücke haben sie eine Million Bäume abgeholzt. Und das haben sie im völlig nüchternen Zustand getan. Gezi war ein Aufstand dagegen. Der Aufstand einer Generation, die nie eine andere Regierung gesehen hat.

Waren die Zeiten vorher besser?

Nein. Wann hat dieses Land jemals gute Tage erlebt? Aber die AKP hat es zeitweise geschafft, auch Menschen außerhalb ihrer traditionellen Klientel davon zu überzeugen, dass sie an einer Demokratisierung arbeitet. Viele linksliberale Intellektuelle haben das geglaubt. Die AKP sprach davon, die Dominanz des Militärs zu brechen. Aber ich habe schon vor Gezi gespürt, dass sie dagegen eine Dominanz der Polizei setzen.

Woher kam diese Ahnung?

Von der Straße. Oder aus dem Fußballstadion. Wir wurden jedes Wochenende im Stadion mit Tränengas beschossen.

Sie gehören dem Fanclub Çarşı an, den Ultras von Beşiktaş. 35 ihrer Freunde sind wegen Putschversuchs angeklagt, für einige wird lebenslänglich gefordert.

Eine lächerliche Anklage. Begonnen hat sie ein Staatsanwalt, der zu den Gülen-Leuten gehört. Der Mann wurde inzwischen suspendiert. Aber sie halten die Anklage aufrecht, weil Çarşı zum Symbol des Widerstands wurde, gerade für die vielen unorganisierten Leute, die sich in keiner der bestehenden Parteien wiederfanden. Nichts hat Erdoğan in den 13 Jahren seiner Herrschaft so verängstigt wie der Widerstand vom Gezi-Park.

Er hat noch immer viele Anhänger.

Natürlich. Schauen Sie, ich bin gerade auf dem Titel einer österreichischen Literaturzeitschrift. Aber als ich zu einem Literaturfestival in Österreich eingeladen wurde, habe ich ein Visum für exakt drei Tage bekommen – für die Dauer des Festivals. Dieses Gefühl, vom Westen schlecht behandelt zu werden, kennen hier alle. Auch deshalb mag man Erdoğan: weil er dem Westen die Stirn bietet.

Was haben die Herrschenden von Gezi gelernt?
Sie haben für sich die Lehre gezogen, jeden Widerstand mit Gewalt zu ersticken. Sie wollen die Leute so weit treiben, dass sie zu den Waffen greifen. Denn damit können sie umgehen. Und alle anderen wollen sie einschüchtern, indem sie zeigen: Wir können euch mit Tränengas ersticken, wir können euch sogar töten und haben selber nichts zu befürchten. Das ist auch die Botschaft von Erdoğans Palast: Ich habe die Macht, und ich werde sie nicht hergeben, koste es, was es wolle. Er kann mit Gewalt versuchen, den Lauf der Geschichte aufzuhalten. Aber er kann es nicht verhindern, dass sich die Welt ändert. Dieser Palast ist sein Grab.

Die Einschüchterung scheint zu funktionieren.
Stimmt, es sind derzeit weniger Menschen auf der Straße. Und die Freude, die sich vor zwei Jahren im Protest zeigte, ist verschwunden. Aber selbst wenn Menschen Angst haben, heißt das nicht, dass sie weniger Wut hätten. Gezi ist ein *point of no return*. Wir haben gesehen, wie wir alle zusammen in diesem Land atmen können. Ich habe da gelernt, die Hoffnungen auf dieses Land nicht aufzugeben.

Von Stalin zur Mülltrennung

Manchmal sagt die Architektur alles: In Cizre ist der Regierungssitz ein vierstöckiger Sandsteinbau mit hohem Portal im maurischen Stil. Hier residieren die Behörden des Zentralstaates. In einer Seitenstraße dahinter: ein schäbiger, zweigeschossiger Flachbau. Es könnte sich um einen Geräteschuppen handeln, ist aber das Rathaus von Cizre. Der Staat ist alles, die Stadt nichts.

So überkandidelt wie der Regierungssitz in dieser verstaubten Kleinstadt an der Grenze zu Syrien und zum Irak wirkt, so overdressed wirkt hier Leyla İmret mit ihrem moosgrünen Damensakko und den Pfennigabsätzen. Eine fast exotische Erscheinung in diesem Chefbüro mit dem schweren Schreibtisch, den schwarzen Ledersesseln und der seidenen türkischen Fahne.

Angeführt von ihrem smarten Vorsitzenden Selahattin Demirtaş und mit ihren bunten Listen hat sich die HDP, die Demokratiepartei der Völker, in den westtürkischen Großstädten zu einer Alternative für linke und liberale Wähler gemausert. Doch dass sie gute Aussichten hat, die Zehnprozenthürde zu überspringen und die Alleinherrschaft der AKP zu beenden, liegt an der kurdischen Bewegung. An Orten wie Cizre, wo Leyla İmret 82 Prozent der Stimmen holte.

Im Krieg zwischen der Arbeiterpartei Kurdistans (PKK) und dem Staat war diese Gegend schwer umkämpft. Vor gut zwei Jahren wurde ein Waffenstillstand vereinbart. Seither gibt es Hoffnung. Doch Frieden herrscht hier noch nicht. Im Oktober 2014 starben bei den Protesten anlässlich der Belagerung von Kobani landesweit 50 Menschen bei Auseinandersetzungen zwischen Sympathisanten der PKK, Anhängern der islamistischen Partei Hüda Par und Sicherheitskräften. Und im Dezember wurden in Cizre vier Demonstranten von der Polizei erschossen. Der älteste war 19, der jüngste 12 Jahre alt.

Was führt eine junge Frau aus Niedersachsen hierher?

»Sie müssen zuerst fragen, was mich von hier weggeführt hat«, antwortet İmret und erzählt ihre Geschichte:

Sie ist vier Jahre alt, als ihr Vater, ein Mitglied der PKK, bei einem Gefecht erschossen wird. İmret kommt zu einer Tante nach Deutschland. Sie macht eine Lehre als Friseurin und arbeitet als Kinderpflegerin. »Ich habe gern in Deutschland gelebt«, erzählt sie. »Trotzdem wollte ich zurück.« Hat sie jemals ihrem Vater vorgeworfen, sie verlassen zu haben? »Selten, als Kind.« Und hat sie überlegt, selbst zu den Waffen zu greifen? »Das wollte ich meiner Mutter nicht antun.«

Man merkt ihr noch immer die Unsicherheit an. Dabei kann sie erste Erfolge vorweisen: Kürzlich feierte sie die Grundsteinlegung einer Kläranlage. Die Abwässer der 100.000-Einwohner-Stadt sollen nicht länger ungefiltert in den Tigris fließen. Zudem wurden neue Brunnen gebaut, künftig soll es auch im Sommer an mehr als bloß zwei, drei Tagen in der Woche fließendes Wasser geben.

Was hat sie noch vor? »Ich möchte die historischen Denkmäler pflegen und eine Recyclinganlage bauen, damit der Müll nicht mehr irgendwo draußen abgeworfen wird.« Dann auch mit Mülltrennung? »Klar«, strahlt İmret. »Aber das wird schwierig. Als ich nach Cizre zurückkam, fiel mir der Schmutz auf. Die Häuser sind picobello, die Leute pflegen liebevoll ihre Gärten. Aber wie es vor ihren Mauern aussieht, ist ihnen egal.« Hat sie den Sinn für die Umwelt aus Deutschland mitgebracht? »Ja«, sagt sie. »Aber auch in unserem neuen Paradigma ist Ökologie wichtig, das betont *die Führung* immer wieder.«

»Die Führung«, *önderlik*, meint in der Terminologie der kurdischen Bewegung den inhaftierten Abdullah Öcalan. Der hatte vor zehn Jahren dieses »neue Paradigma« verkündet: »Demokratischer Konföderalismus« statt Unabhängigkeit, Stärkung der lokalen Verwaltungen, mehr Zivilgesellschaft, weniger Staat, kulturelle Identität, Kooperativen, Umweltschutz, Frauen.

Seit einigen Jahren sind alle Leitungspositionen, ob in der Guerilla oder den legalen Parteien, mit quotierten Doppelspitzen besetzt. Und obwohl das Kommunalrecht derlei nicht zulässt, treten die über hundert Bürgermeister aus der HDP – genauer: deren regionalem Ableger DBP – mit jeweils einem »Co-Bürgermeister« auf. Eine Frauenquote hat sonst keine Partei in der Türkei. Umso bemerkenswerter, dass es sie ausgerechnet in den kurdischen Gebieten gibt, wo die Religion vielerorts eine große Rolle spielt. Auch İmret hat einen »Co-Bürgermeister«, der formal ihr Stellvertreter ist. Nur ein Posten ist nicht quotiert und nicht gedoppelt: der Öcalans.

Über die Referenzen dieses »neuen Paradigmas« gibt der Buchladen Aram in Diyarbakır Auskunft. Ein großer Geschäftsraum, in dessen Mitte die Bücher des hauseigenen Verlags aufgebaut sind: Memoiren von PKK-Kämpfern, Schriften von Öcalan. In einer unteren Regalreihe versteckt finden sich Lenin und Stalin, einst die wichtigsten ideologischen Referenzen der PKK.

»Danach fragen nur noch Studenten, die sich mit den Anfängen unserer Bewegung beschäftigen«, erzählt der Buchhändler. Der begehrteste ausländische Autor sei der US-amerikanische Öko-Anarchist Murray Bookchin, von dem sich Öcalan zu seinem »Demokratischen Konföderalismus« inspirieren ließ. »Bookchin ist bei den Bestellungen von PKK-Gefangenen ganz oben«, erzählt der Verkäufer. »Und wenn *die Führung* einen Autor erwähnt, sind diese Bücher sofort ausverkauft.« Der letzte Hit sei *Gefährdetes Leben* von der US-Feministin Judith Butler gewesen. Vergriffen.

Die Provinz Diyarbakır hat 1,6 Millionen Einwohner, auf die elf Parlamentssitze entfallen. Um einen davon kämpft Feleknas Uca.

Die 38-Jährige wurde in Celle geboren, war von 1999 bis 2009 Europa-Abgeordnete der Linken und gründete eine Stiftung für Frauen- und Kinderrechte. Sie gehört der jesidischen Glaubensgemeinschaft an, die durch die Gräueltaten der Terrormiliz Islamischer Staat (IS) zur Bekanntheit gelangt ist. In der Türkei leben nach Flucht und Vertreibung nur noch ein paar Hundert Jesiden. Uca engagierte sich für die jesidischen Flüchtlinge im Nordirak und kam schließlich in die Türkei. Denn, so ist sie überzeugt, ohne die Unterstützung der AKP-Regierung für die Dschihadisten in Syrien wäre es nicht zu dieser Tragödie gekommen.

Uca spricht fließend Kurdisch, Türkisch aber muss sie in einem Sprachkurs lernen. Doch gerade darum sei ihre Kandidatur symbolisch bedeutsam: »Hier leben Kurden, Araber, Armenier, Aramäer, viele andere. Wir wollen, dass alle Völker und Religionsgemeinschaften gleichberechtigt leben.«

Ein Vormittag im Mai im HDP-Büro von Diyarbakır: Uca referiert das Wahlprogramm, man merkt es der gelernten Arzthelferin an, dass sie fast ihr gesamtes Berufsleben als Politikerin verbracht hat. Dann treffen Meldungen aus den südtürkischen Metropolen Adana und Mersin ein: Bombenanschläge auf die dortigen HDP-Büros. Nur durch Zufall keine Todesopfer. »Sollten wir den Parkplatz räumen?«, fragt jemand. »Was passiert, passiert«, antwortet einer. Polizeischutz wird nicht kommen. »Das wäre in einer Demokratie normal«, sagt Uca. »Aber diesem Staat trauen wir nicht.«

Es ist der Tag des Gedenkens an die Märtyrer – »Märtyrer«, *şehit*, nennen in der Türkei der Staat und alle politischen Strömungen ihre jeweiligen Toten, so auch die PKK.

Der Tag beginnt mit einer Kundgebung vor dem ehemaligen Militärgefängnis Nr. 5, unter der Diktatur der Achtzigerjahre eine besonders gefürchtete Folteranstalt. Der nächste Termin: ein Essen für Angehörige der »Märtyrer«. Im Neonlicht eines Hochzeitssaals begrüßt Uca die Gäste und geht an jeden Tisch. Während des Essens – Fleisch, Reis und Salat – hält sie eine kurze Rede zum Kampf gegen den IS. Mehrere tausend junge Kurdinnen und Kurden aus der Türkei sind in den Krieg gegen die Dschihadisten gezogen. Sie kämpfen in den nordwestirakischen Schengal-Bergen in den Reihen der PKK oder in deren syrischem Ableger YPG, den »Volksverteidigungseinheiten«.

Auf das Mittagessen folgt eine Demonstration zum »Märtyrerfriedhof«. Vom Band läuft die PKK-Hymne; etwas abseits, an einem der vielen frischen Gräber, streichelt ein Mittfünfziger still den Grabstein. »Schengal«, sagt er. »Mein Sohn hatte Kartografie studiert und ist nach Syrien gegangen. Er war 27.«

War dies nun eine PKK-Veranstaltung? »Das waren Angehörige der Gefallenen«, antwortet Uca unwirsch. Und die Öcalan-Bilder, die auch im HDP-Büro hängen, darunter ein Öcalan in Öl? »Das ist hier nicht verboten.« Mehr will sie dazu nicht sagen, der nächste Termin wartet: eine Ausstellungseröffnung, wieder geht es um das einstige Militärgefängnis.

Dazu sind prominente Oppositionelle aus İstanbul angereist, darunter der Soziologe İsmail Beşikçi, der wegen seiner Schriften zur Lage der Kurden insgesamt 17 Jahre in Haft saß. »Ohne den Widerstand im Gefängnis Nr. 5 hätten wir nicht in Kobani und Schengal kämpfen können«, sagt er. Als Letzte spricht die Oberbürgermeisterin Gültan Kışanak: Die Gesellschaft müsse sich endlich »mit ihrer verdrängten Geschichte« auseinandersetzen.

Tags darauf in ihrem Büro. Kışanak ist eine freundliche Frau, sie wirkt etwas bieder, aber selbstbewusst. Ob ihre Aufforderung auch für Anschläge der PKK auf Zivilisten gilt? »Natürlich«, sagt sie. »Aber wenn wir die Geschichte dieses Gefängnisses nicht aufarbeiten, werden wir uns auch den anderen Ereignissen nicht stellen können.« Als junge Frau war die heute 51-Jährige selber dort inhaftiert und wurde sechs Monate lang in einen Hundekäfig gesperrt. Später arbeitete sie als Journalistin, wechselte ins Parlament und ist nun Kommunalpolitikerin.

»Die lokalen Verwaltungen haben keine Autonomie«, sagt sie. »Wir müssen alle Steuern, die wir erwirtschaften, an den Staat abführen, der uns nur einen kleinen Teil zurückgibt. Und der Staat reglementiert genau, was wir wofür ausgeben dürfen.« So wie viele Bürgermeister der übrigen Oppositionsparteien klagt sie, dass die AKP-Regierung ihre Stadt benachteilige.

Doch es ist nicht lange her, dass sich die hiesigen Stadtverwaltungen über alle Vorschriften hinwegsetzten: als im vorigen Jahr Hunderttausende Kurden und Jesiden vor dem IS in die Türkei flohen. »Der Staat hat sich nicht um sie gekümmert. Also haben wir Krisenzentren eingerichtet, Camps aufgebaut und die Flüchtlinge über unsere Städte verteilt«, erzählt Februniye Akyol, Co-Oberbürgermeisterin von Mardin. Obwohl sie selbst einer Behörde vorsteht, grenzt sie sich vom »Staat« ab: »Der Staat ist für uns Polizei und Militär.«

Akyol spricht leise und eloquent, ihr Büro schmücken helle Möbel, Pflanzen und ein expressionistisches Bild. »Man merkt die Frauenhandschrift, nicht wahr?«, fragt sie keck. Zuvor sei Mardin von der AKP regiert worden. Nach der Umwandlung zur Großstadt habe die AKP gewusst, dass sie die Wahl verlieren würde und daher Immobilien und sogar das Inventar an staatliche Einrichtungen übertragen. »Ich habe die Gelegenheit genutzt, mein Büro etwas hübscher einzurichten.«

Mit ihren seldschukischen Moscheen und aramäischen Kirchen ist die hoch oben gelegene, restaurierte Altstadt von Mardin ein Juwel. Mardin gehört zu den Orten der Region, die am meisten vom Waffenstillstand profitiert haben. Neue Hotels wurden eröffnet, einige in historischen Bauten wie der alten Karawanserei mit einem atemberaubenden Blick auf die mesopotamische Tiefebene, die hier beginnt. Unter den Touristen in der Altstadt sind die inländischen noch in der Mehrheit. Doch alle hoffen, dass bald auch die Ausländer kommen werden.

Akyol ist Aramäerin, die einzige christliche Bürgermeisterin des Landes und mit 26 Jahren die zweitjüngste. »Ich bin nicht fromm, aber gläubig«, antwortet sie auf die Frage nach dem Kreuz, das sie an ihrer Halskette trägt. Sie hat in İstanbul Versicherungswirtschaft studiert und kam danach zurück. »Unsere Leute wandern aus«, sagt sie. »Aber ich will nicht, dass die aramäische Kultur verschwindet.«

Am Nachmittag setzt sie sich in ihren Dienstwagen, einen Mercedes S350 – eine Spende, wie sie versichert. Es gilt, die Leichname von sieben Kämpfern aus Syrien abzuholen. Bis zum 35 Kilometer entfernten Grenzübergang schafft es ihr Wagen nicht, zu viele Menschen sind gekommen. Die Rückfahrt führt durch Orte, in denen Tausende den Konvoi säumen.

Als der Wagen einen Polizeiposten passiert, erzählt der Fahrer, die Partei habe die Freunde der Toten nur mit Mühe davon abhalten können, sich auszutoben. »Aber eigentlich gibt es nur einen, der diese Jungs aufhält: *die Führung*«, sagt der Fahrer. »Fragen Sie in zwei Wochen, wie viele von ihnen nach Syrien gegangen sein werden«, sagt Akyol. Wird der Krieg hier irgendwann aufhören? »Wir hoffen es sehr«, antwortet Akyol leise. »Wenn nicht, wird man auch mich in so einem Konvoi transportieren.«

»Ja, es gab interne Hinrichtungen«

Cemil Bayık war 18 Jahre alt, als er sich als Student in Ankara der Gruppe um Abdullah Öcalan anschloss, aus der 1978 die Arbeiterpartei Kurdistans (PKK) hervorgehen sollte. Seither gehört er deren Führungszirkel an. Der heute 60-Jährige ist einer von zwei Vorsitzenden der PKK-Dachorganisation KCK (Union der Gemeinschaften Kurdistans) und gilt als Stellvertreter Öcalans, der seit 16 Jahren in türkischer Haft ist. Bayık wird in der Türkei mit Haftbefehl gesucht. Das Interview wurde im nordirakischen Kandil-Gebirge geführt.

Welt am Sonntag: Seit vier Wochen bombardiert die Türkei den »Islamischen Staat« und die PKK. Ist der IS geschwächt?
Cemil Bayık: Der IS war schon vorher geschwächt. Darum ist ein Ziel, das die Türkei mit der Operation gegen die PKK verfolgt, den IS zu schützen. Die Türkei bekämpft den IS nicht.

Nein?
Nein. Erdoğan strebt nach der Hegemonie im Nahen Osten, nach dem Kalifat. Der IS gehört zur sunnitischen Front gegen die Kurden in Rojava und gegen Assad. Und der IS ist für Erdoğan nicht bloß ein Instrument; es gibt eine ideologische Nähe. Doch der internationale Druck war so gewachsen, dass die Türkei etwas für ihr Ansehen tun musste.
Aber der IS hat gerade ein Drohvideo gegen die Türkei veröffentlicht.
Der IS behauptet darin, dass die Türkei umzingelt sei von der PKK auf der einen Seite und den »Kreuzfahrern« auf der anderen. Die türkische Regierungspartei AKP sagt fast wortgleich dasselbe.
Und ist die PKK geschwächt?
Nein. Wir haben die nötigen Vorkehrungen getroffen. Aber natürlich beeinträchtigt der Krieg uns und damit den Kampf gegen den IS.
Wer hat den Waffenstillstand gebrochen?
Erdoğan. Dieser Krieg hat nicht damit angefangen, dass in Ceylanpınar in der Osttürkei zwei Polizisten erschossen wurden, sondern viel früher. Seit April durfte niemand mehr den Vorsitzenden Apo besuchen.
Also Abdullah Öcalan.
Und Erdoğan hat alle erzielten Schritte für nichtig erklärt. Er hat gesagt: »Es gibt keine Verhandlungen, keine Partner, kein Kurdenproblem.« Erdoğan wollte mit einem Konfrontationskurs die Wahl gewinnen. Er dachte, dass die Guerilla der PKK auf den Anschlag antworten würde, den es in Diyarbakır auf eine Kundgebung der Demokratiepartei der Völker gegeben hatte. So einen Gegenangriff hätte er als Vorwand benutzt, um die Wahl abzusagen.

Aber in diese Falle sind wir nicht getappt. Dann hat die HDP Erdoğans Träume von einem Präsidialsystem zunichtegemacht und die AKP gestürzt. Aus Rache kam es danach zu weiteren Anschlägen in der Türkei.
War der Polizistenmord von Ceylanpınar eine Tat der PKK?
Nein. Das waren Leute, die sich selbst Apoisten nennen.
Also Anhänger des PKK-Chefs Öcalan. Aber Sie haben den Mord nicht verurteilt.
Das wäre inmitten dieser Angriffe gegen uns verwendet worden.
Aber jetzt sind Sie im Krieg.
Wir sind nicht im Krieg. Wir machen nur von unserem Recht auf Vergeltung Gebrauch.
In einigen kurdischen Städten sah es letzte Woche nach Krieg aus.
Dort verteidigen sich die Jugend und das Volk amateurhaft gegen die Angriffe des Staates. Dagegen geht der Staat mit seiner ganzen Macht vor. Darum haben wir gewarnt: Wenn ihr weiter gegen das Volk vorgeht, werden wir der Guerilla befehlen, in die Städte zu gehen.
Das wäre dann Krieg?
Wenn die Türkei auf dieser Politik beharrt, dann könnte die Guerilla in den Krieg ziehen. Aber wir wollen das nicht. Wir wissen, dass die HDP das eigentliche Ziel dieser Militäroperation ist.
Warum?
Durch die Politik der Verleugnung und Vernichtung waren in der Türkei die anderen Minderheiten kurz vor dem Verschwinden. Aber die Kurden haben sich nicht nur dagegen gewehrt, sie haben auch die übrigen Minderheiten wiederbelebt und sie durch die HDP ins Parlament getra-

gen. Jetzt tut Erdoğan so, als hätte die Wahl nie stattgefunden. Er versucht, die HDP zu diskreditieren, damit sie nicht wieder ins Parlament einzieht.

Bedeutet der Erfolg der HDP nicht einen Machtverlust der PKK?

Nein. Es war der Kampf der PKK, der die HDP hervorgebracht hat. Der Vorsitzende Apo hat die Kurden und die Linken ins Parlament gelenkt, um das Kurdenproblem und alle anderen Probleme dort zu lösen. Das ist die Aufgabe der HDP. Es gibt keine Lösung ohne die HDP.

Ist die HDP der PKK unterstellt?

Nein. Die kurdische Bewegung hat drei Bestandteile: den Vorsitzenden Apo, die HDP und die PKK. Alle haben verschiedene Rollen.

Schaden Sie nicht der HDP mit dem, was Sie »Recht auf Vergeltung« nennen?

Nein. Recep Tayyip Erdoğan dachte: »Ich kann angreifen, und die PKK hat dem nichts entgegenzusetzen. Und wenn doch, dann kann ich das gegen die Kurden benutzen.« Also gegen die HDP und gegen die PKK, die mit ihrem Kampf gegen den IS internationales Ansehen gewonnen hatte.

Der Plan geht doch auf.

Nein. Denn jeder weiß, was Erdoğans Gründe sind. Aber er hat einen Prozess in Gang gesetzt: Weil er das Parlament missachtet hat, beginnt das Volk, zumindest auf lokaler Ebene demokratische Verhältnisse zu schaffen.

Der HDP-Vorsitzende Selahattin Demirtaş hat beide Seiten dazu aufgerufen, die Eskalation zu beenden.

Nicht nur er. Wir finden diese Aufrufe wertvoll. Denn wir glauben, dass weder die Türkei noch wir die Probleme mit Waffen lösen können. Aber wir haben achtmal einen einseitigen Waffenstillstand ausgerufen und zuletzt sogar angefangen, unsere Einheiten abzuziehen. Doch die Türkei hat uns erst hingehalten und dann alles verleugnet, was im Friedensprozess bereits erreicht worden war.

Was müsste für einen Waffenstillstand passieren?
Einen einseitigen Waffenstillstand wird es nicht mehr geben. Auch die Türkei müsste offiziell einen Waffenstillstand verkünden. Eine unabhängige Kommission müsste dessen Einhaltung überwachen. Dann müssen die Verhandlungen unter gleichen und freien Bedingungen stattfinden. Der Vorsitzende Apo muss als Verhandlungsführer anerkannt werden. Und wir brauchen eine dritte Partei als Vermittler. Nur so können wir sichergehen, dass die Türkei nicht plötzlich alles wieder bestreitet.

Wer könnte das sein? Die USA?
Das haben wir schon oft vorgeschlagen.

Glauben Sie das wirklich?
Warum nicht? Die USA haben auch in Nordirland vermittelt.

Haben Sie Kontakte zu den USA?
Ja.

Die US-Regierung bestreitet das.
Die USA wollen die Türkei in den Krieg gegen den IS einbeziehen und nehmen darum Rücksicht auf türkische Befindlichkeiten.

Haben die USA die Angriffe auf die PKK gebilligt?
Sie sagen das zwar nicht, aber ich glaube: Wenn die USA kein grünes Licht gegeben hätten, hätte es sie nicht gegeben. Andererseits wissen die USA, dass die kurdische Freiheitsbewegung am effektivsten gegen den IS kämpft. Die Koalition braucht beide: die Türkei und die PKK.

Wie könnte eine dauerhafte Lösung aussehen?

Die Türkei muss anerkennen, dass ein Kurdenproblem existiert. Auch Erdoğan hat nur von den »Problemen der kurdischstämmigen Bürger« geredet, nie vom Freiheitsproblem eines Volkes.
Aber das Staatsfernsehen hat heute einen kurdischsprachigen Kanal, in den lokalen Behörden wird auch Kurdisch gesprochen.
Wir kämpfen seit fast 40 Jahren. Natürlich hat das die Türkei dazu gezwungen, einige Schritte zu unternehmen. Aber das waren kleine Schritte, um die großen zu vermeiden. Das Kurdenproblem muss in die Verfassung aufgenommen werden, der Druck auf die kurdische Identität muss aufhören, Kurdisch muss zur Ausbildungssprache werden, und die Kurden müssen sich durch ihre lokalen Verwaltungen selbst regieren können.
Dann würden Sie die Waffen abgeben?
Den bewaffneten Kampf zu beenden und die Waffen abzugeben sind zwei verschiedene Dinge. Solange das Kurdenproblem nicht gelöst ist und die IS-Gefahr andauert, kann niemand von uns verlangen, dass wir die Waffen abgeben. Wir kämpfen nicht nur für die Kurden. Gegen den IS zu kämpfen bedeutet, für die ganze Menschheit zu kämpfen.
Sie wollten einst ein vereintes, unabhängiges, sozialistisches Kurdistan gründen. Was ist davon übrig?
Damals gab es auf der ganzen Welt ein vom Realsozialismus vorgegebenes Paradigma, an dem auch wir uns orientiert haben. In der Praxis haben wir die Mängel dieses Paradigmas bemerkt und ein neues entwickelt. Zum Beispiel haben wir gesehen, dass wir unser Ziel – freie Gesellschaft, freie Persönlichkeiten – nicht mit einem Staat erreichen können, geschweige denn durch die Diktatur des Proletariats.

Das »neue Paradigma« der PKK, das Öcalan 2004 verkündet hat, kam nicht urplötzlich?
Nein. Das Fundament dafür wurde beim ersten Waffenstillstand von 1993 gelegt und danach weiterentwickelt. Der Vorsitzende Apo hat es auf İmralı nur vollendet.
Was ist der größte Erfolg der PKK?
Die Befreiung der Frauen.
Und was waren ihre größten Fehler?
Jeder, der kämpft, begeht Fehler.
Der ehemalige PKK-Funktionär Selim Çürükkaya schreibt, dass mehr Gründungskader durch interne Hinrichtungen starben als bei Gefechten oder durch Folter.
Das stimmt nicht. Ja, es gab interne Hinrichtungen. Und vielen Opfern hat die PKK ihre Ehre posthum zurückgegeben. Wissen Sie, wer für die meisten Hinrichtungen verantwortlich war? Leute, die die PKK heute dafür beschuldigen. Aber damals gehörten sie zur PKK. Wir stellen uns unserer Verantwortung.
Auch für die Morde an Lehrern oder an Angehörigen der Dorfschützermiliz, die mit ihren Familien umgebracht wurden?
Keiner von denen, die für die Aktionen gegen Dorfschützer verantwortlich waren, ist heute noch bei der PKK. Auf dem vierten Parteikongress 1990 haben wir dafür öffentlich um Entschuldigung gebeten. Und wir schlagen vor, dass Wahrheitskommissionen wie in Südafrika untersuchen, was wir getan haben und was der Staat getan hat. Aber solche Vorschläge kommen nur von uns, nicht vom Staat.
Welche Sprache spricht eigentlich die PKK?
Früher vor allem Türkisch. Heute sind etwa 70 Prozent der internen Berichte auf Kurdisch.

Werden in der PKK viele Berichte geschrieben?
Ja. Jeder schreibt welche: Funktionäre, Kämpfer, auch ich.
Archivieren Sie diese Berichte?
Das ist unsere Geschichte. Wie könnten wir die vernichten?
Sie haben selbst erst später Kurdisch gelernt, richtig?
Ja. Ich war in staatlichen Internaten und türkisiert. Erst nachdem mich mein Freund Kemal Pir mit dem Vorsitzenden Apo bekannt gemacht hat, habe ich gelernt, dass ich Kurde bin. Ich bin Kemal Pir bis heute dafür dankbar.
Pir war Türke und starb 1982 bei einem Hungerstreik im Gefängnis.
Das war für mich der schwerste Moment.
Haben Sie geweint?
Ein bisschen. Aber ich habe es mir nicht anmerken lassen.
Sie waren bei der Gründung der PKK 23 Jahre alt. Was unterscheidet Ihre Generation von der heutigen Jugend?
Die heutige Jugend weiß viel mehr von der Welt. Dafür spielen in Kurdistan Clans und feudale Strukturen kaum noch eine Rolle. Die heutige Generation ist selbstbewusster und widerspenstiger – auch uns gegenüber. Und sie ist radikaler. Viele wurden mit ihren Familien aus ihren Dörfern vertrieben und sind in Armut aufgewachsen. Sie haben eine große Wut, die sie manchmal auf falsche Ziele richten.
In diesem Konflikt sind mindestens 35.000 Menschen ums Leben gekommen, davon die meisten in Ihren Reihen. Übernehmen Sie dafür Verantwortung?
Es gibt Menschen, die durch unsere Fehler gestorben sind und für die wir verantwortlich sind. Aber insgesamt ist

der türkische Staat verantwortlich. Wenn die Türkei das kurdische Volk nicht verleugnet hätte, hätte es all dieses Leid nicht gegeben.

Der Krieg in den Städten

Die spätrömischen Stadtmauern von Diyarbakır gehören zu den am besten erhaltenen antiken Befestigungsanlagen der Welt. Fünf Kilometer lang, zwölf Meter hoch, Unesco-Weltkulturerbe. Im Innern der Mauern liegt der Bezirk Sur, die Altstadt, mit ihrem Basar und den vielen Moscheen und Kirchen. Sehenswert. Doch der Tourismus, der sich in den zwei Jahren des Waffenstillstands zwischen der Arbeiterpartei Kurdistans (PKK) und dem türkischen Staat entwickelt hatte, ist eingebrochen.

Denn in Diyarbakır herrscht Krieg. Nicht immer und nicht überall, aber doch Krieg. In Teilen von Sur und eines weiteren Bezirks haben sich junge Militante hinter Gräben, Barrikaden und Sprengfallen verschanzt. Es gab Ausgangssperren und Gefechte. Doch das Sagen im Viertel haben weiterhin Militante der PKK-nahen Patriotisch-Revolutionären Jugendbewegung (YDGH), vermutlich angeleitet von PKK-Kämpfern. In mehreren kurdischen Städten ist die Lage ähnlich. Einen solchen Häuserkampf hat es seit Beginn des Konflikts 1984 nicht gegeben.

Am heftigsten tobten die Kämpfe bislang in Cizre nahe der Grenze zu Syrien. Anfang September war der Ort acht Tage lang abgeriegelt. Die 120.000 Einwohner durften ihre Häuser nicht verlassen. Telefon- und Internetverbindungen waren unterbrochen, teilweise gab es keinen Strom und kein Wasser. Dem Viertel Nur ist die Heftigkeit der Kämpfe anzusehen: Viele Fassaden haben Einschusslöcher, einige sind ganz zerstört. »Nichts rechtfertigt den Einsatz schwerer Waffen gegen die eigene Bevölkerung«, sagte der Grünen-Vorsitzende Cem Özdemir bei einem Besuch vorige Woche.

Innenminister Selami Altınok zufolge diente die Operation von Polizei und Militär dazu, die Barrikaden zu beseitigen. Dabei seien »32 Terroristen unschädlich gemacht« worden. Zivile Opfer habe es keine gegeben. Doch in Nur stehen die Barrikaden noch. Eine Anfrage der *Welt*, wie diese Terroristen hießen und wo sie bestattet wurden, ließen die Behörden unbeantwortet.

»Diese Zahl ist erfunden«, sagt hingegen der Abgeordnete Faysal Sarıyıldız von der prokurdisch-linken Demokratiepartei der Völker. Die HDP hat 21 Opfer dokumentiert, das jüngste zweieinhalb, das älteste 75 Jahre alt. 15 seien durch Kämpfe getötet worden, einige von Scharfschützen; sechs seien gestorben, weil sie nicht zum Arzt konnten. Von Sarıyıldız stammt das Foto der zehnjährigen Cemile Çağırga. Sie wurde von einer Kugel getroffen, wegen der Ausgangssperre bewahrten die Eltern den Leichnam in ihrer Tiefkühltruhe auf. »Der Friedensprozess ist im Kühlschrank«, hatte Präsident Recep Tayyip Erdoğan gesagt. Makabrer hätte man dieses Wort nicht illustrieren können.

Ein anderes befremdliches Bild: Ein Handyvideo, das in jenen Tagen in Cizre entstanden sein soll und auf dem Schüsse und Durchsagen von Sicherheitskräften zu hören sind: »Ihr seid alle Armenier!« Und: »Die Armenier wären stolz auf euch!«

Doch auch in Gesprächen mit der abgesetzten Bürgermeisterin Leyla İmret und anderen HDP-Politikern bleibt eins offen: Wer steht auf dieser Seite der Barrikaden? »Jugendliche aus den Vierteln«, heißt es allenfalls. In PKK-Kreisen geht jedoch das Gerücht um, dass sich unter den Toten von Cizre einige Kämpfer befinden würden. Das wäre die Taktik der palästinensischen Hamas: Die Kämpfe in Wohngebiete verlagern, um mit toten Zivilisten Politik zu machen.

Genau das, die Ausweitung des Krieges auf die Städte, hat die PKK im Jahr 2010 in ihrer Strategie des »Revolutionären Volkskrieges« formuliert. Die Erfahrung im Häuserkampf, die ihr damals fehlte, hat sie unter hohem Blutzoll in Syrien nachgeholt. Zudem haben sich mehrere Tausend türkische Kurden am Kampf gegen den Islamischen Staat beteiligt. Einige blieben bei der PKK, andere kehrten in ihre Heimat zurück. Ohne die Erfahrungen aus Kobani wären die Barrikaden in Cizre wohl kaum gehalten worden. Und offenbar wollte auch die türkische Armee sie nicht um jeden Preis stürmen.

Cizre ist eine von etwa einem Dutzend Städten, in denen in den vergangenen Wochen die »Selbstverwaltung« ausgerufen wurde. Auch wenn an den Proklamationen einzelne ihrer Lokalpolitiker beteiligt waren, geht die Initiative nicht von der HDP aus. Seine Partei wolle die Befugnisse der Kommunen stärken, sagte Parteichef Selahattin Demirtaş. Aber die Selbstverwaltung müsse in der Verfassung geregelt werden. »Ich finde es falsch, wenn Demonstranten mit der Waffe in der Hand die Selbstverwaltung proklamieren.« »Naiv und illusionistisch«, konterte Mustafa Karasu aus der PKK-Führung.

Noch deutlichere Worte finden die jungen Militanten in Diyarbakır: »Die HDP hat es jetzt nicht mal mit ihren Ministern geschafft, die Abriegelung von Cizre aufzuheben«, sagt die 23-Jährige mit dem Kampfnamen Sorxwin. Als Einzige der drei Oppositionsparteien hatte sich die HDP an der Übergangsregierung beteiligt, die laut Verfassung aus allen Parlamentsfraktionen gebildet werden muss und die nun nach dem Scheitern der Koalitionsverhandlungen das Land bis zur Neuwahl am 1. November führen wird. Nachdem Sicherheitskräfte ihren Ministern den Zutritt nach Cizre verweigerten, zog sich die HDP aus der Übergangsregierung zurück. Für Sorxwin zählt das alles nicht länger. »Ich glaube nicht mehr an Verhandlungen«, sagt sie. »Die einzige Lösung ist Krieg.«

Sorxwin gehört zu den drei »Kommandanten« von Sur. Eine quirlige Frau, die beim Reden viel lacht und so gar nicht soldatisch wirkt. Doch unter ihrem pinken, mit einer Comicfigur und der Aufschrift »Smile« bedruckten T-Shirt lugt eine Pistole hervor. Nur als sie später für die Kamera posiert, wird sie nicht nur ihr Gesicht mit einem Schal mit Blumenmuster verdecken, sondern sich auch ein graues T-Shirt überziehen, ehe sie sich vor eine frisch mit Logo und Kürzel der PKK bemalte Wand stellt: Jeder Buchstabe in einer der kurdischen Nationalfarben grün, rot und gelb. Grundschulästhetik.

Ein paar Meter weiter verblasst eine Wandparole aus dem Wahlkampf: »Wir alle ins Parlament.« Doch die Euphorie über den Erfolg der HDP ist verflogen. »Ich habe drei Monate für die gearbeitet«, sagt Sorxwin. »Ich hätte in dieser Zeit besser Kämpfer für die Berge rekrutiert.« Die Frage, ob sie selber aus »den Bergen« stammt, will sie nicht beantworten – um ein paar Minuten später zu erzählen, in welcher kurdischen Landschaft der Sonnenuntergang am schönsten ist.

An diesem Nachmittag sitzt Sorxwin mit einigen Gleichaltrigen in einem armen Wohnviertel gleich hinter dem Basar von Sur. Während des Gesprächs kommt ein junger Mann mit Zettel und Stift. Sie muss ein Flugblatt schreiben, wofür sie nur ein paar Minuten braucht: 14 Zeilen, saubere Mädchenschrift, nur einmal hat sie sich korrigiert. Ihr Mitstreiter wird beim Abtippen keine Mühe haben. Auf dem Zettel stehen Sätze wie: »Die beste Antwort der kurdischen Jugend und besonders der jungen Frauen auf die Angriffe des Staates ist es, sich in Massen der Guerilla anzuschließen.«

Eine ältere Frau verteilt Gurken, später geht die Gruppe in ein Haus in der Nachbarschaft, wo eine junge Mutter für alle gekocht hat: Salat und frittierte Meeräsche. Nach traditioneller Art setzen sich alle an ein Tuch auf den Boden. Hinterher verschwinden die Jungs zum Spülen, Sorxwin setzt sich auf die Couch, zündet sich eine Zigarette an und bittet einen der Jungs, ein Lied zu singen.

So manche Bewohner von Sur, auch welche mit Sympathien für die PKK, werfen den jugendlichen Militanten Selbstherrlichkeit und Rücksichtslosigkeit vor. Andere, insbesondere jüngere, unterstützen sie. Doch trotz der Aufrufe zum »Volksaufstand« sind keine Massen auf der Straße.

Derweil formulieren nicht nur HDP-Politiker so deutliche Kritik an der PKK wie nie zuvor. »Ich bin seit zehn Jahren politischer Kader; zum ersten Mal weiß ich nicht, warum wir kämpfen«, sagt ein Mittdreißiger beim Gespräch an anderer Stelle. »Die PKK-Führung erklärt, dass wir keine Soldaten angreifen sollen, solange sie nur in ihren Kasernen sitzen. Drei Tage später wird ein Wachtposten angegriffen. Die Führung fordert, dass Rücksicht auf Zivilisten genommen wird, und es wird auf Polizisten in einem Restaurant geschossen und dabei ein Kellner getötet.« Die Darstellung der Regierung, wonach die PKK den Waffenstillstand gebrochen habe, weist er zurück. Vielmehr betreibe Staatspräsident Erdoğan eine Eskalation, um dadurch die Neuwahl zu gewinnen. »Aber«, so fügt er hinzu, »ich verstehe nicht, warum wir uns so provozieren lassen.«

Wie viele Kader derlei Zweifel hegen, ist unklar. Sorxwin und ihre Freunde jedenfalls nicht. Einer davon ist der 27-jährige Xelil, ebenfalls ein politischer Kader, der die Uni für die »Sache« aufgegeben hat. Bei der »Selbstverwaltung« gehe es nicht nur darum, weitere Verhaftungen zu verhindern, erläutert er beim Rundgang durch Sur. Jetzt gebe es »Volksparlamente«. Aber regiert in all diesen Kommunen nicht die HDP? »Die Volksparlamente sind näher an den Menschen und tragen die Probleme dem Bürgermeister vor«, sagt Xelil. So hätten sich die Bewohner von Sur nun zusammengeschlossen, um die Entsorgung ihres Mülls zu organisieren. Gab es hier zuvor keine Müllabfuhr? »Doch. Aber die kommt ja wegen der Barrikaden nicht durch.« Er findet das ganz logisch. Und woher stammen ihre Waffen? »In Kurdistan hat jede Familie eine Kalaschnikow im Haus.« Auch Granatwerfer? »Nein«, antwortet Xelil verschmitzt. »Die sind neu.«

Er bestätigt damit den Vorwurf der türkischen Regierung, die PKK habe den Waffenstillstand dazu genutzt, um Waffen und Sprengstoff zu deponieren. »Na und?«, fragt Xelil. »Der Staat hat diese Zeit auch nicht mit Backgammonspielen verbracht.« Würden sie die Barrikaden räumen, wenn HDP-Chef Demirtaş dies verlangen würde?

»Ach, der«, antwortet Xelil mit einer abwertenden Handbewegung. Und die PKK-Führung im Nordirak? »Die handelt in Abstimmung mit dem Vorsitzenden Öcalan. Er ist der Einzige, der das anordnen könnte.«

Am Wochenende berichteten türkische Medien von einer abgehörten Funknachricht von Murat Karayılan, dem Militärchef der PKK, wonach dieser schwere Verluste eingeräumt und die Jugendorganisation kritisiert habe. Es knirscht nicht nur zwischen der HDP und denen »in den Bergen«, sondern auch zwischen der PKK-Führung und ihrer militanten Jugend. In Sur geht das Gerücht um, die PKK werde ihre Jugendorganisation umstrukturieren, auch der neue Name stehe bereits fest: YPS, für »Zivile Verteidigungseinheiten«. Das Ziel: die Militanten straffer an die PKK-Führung anbinden. Denn Xelil, Sorxwin und ihresgleichen scheinen nur eine Autorität unumwunden anzuerkennen: Abdullah Öcalan. Was der zu alledem sagt, ist nicht bekannt; seit April dieses Jahres durfte ihn niemand mehr auf seiner Gefängnisinsel İmralı besuchen.

An einer Grube von zwei Metern Durchmesser bleibt Xelil stehen: »Hier sind zwei Polizisten gestorben.« Eine Sprengfalle. Einer der beiden Angehörigen einer Sondereinheit war etwas jünger als Xelil, der andere etwas älter. Xelil grinst, als er von ihrem Tod erzählt. Doch blutrünstig wirkt er nicht, vielmehr wie ein Junge, der von einem geglückten Streich erzählt. Die Verrohung einer Generation – im Schatten der alten Mauern von Diyarbakır kommt sie im Gewand eines Kinderspiels daher.

»Wir sind die letzte Generation, mit der die Türkei Verhandlungen führen kann«, hatte HDP-Chef Demirtaş zu Beginn des Friedensprozesses gesagt. Er könnte Recht behalten.

Tayyip, Tom Waits und die grünen Berge

Die Provinz Rize am Schwarzen Meer ist berühmt für ihren Regen, ihre Teeplantagen, ihre Almen – und ihre Bewohner, die es woanders zu etwas gebracht haben: Die İstanbuler Baubranche ist in ihrer Hand. Auch Tarkan stammt von hier, der mit seinem Hüftschwung die türkische Popmusik revolutioniert hat. Und İsmail Türüt, ein nationalistischer Volksmusiker, der den Mördern des armenischen Publizisten Hrant Dink ein Lied widmete.

Der berühmteste Sohn der Provinz aber ist Recep Tayyip Erdoğan, der zwar im İstanbuler Werftenviertel Kasımpaşa aufgewachsen ist, dessen Familie aber ursprünglich aus Rize stammt. 66,4 Prozent hat seine Partei für Gerechtigkeit und Entwicklung (AKP) bei der Parlamentswahl im Juni hier geholt, so viel wie nirgends sonst. Rize ist das Herz von Tayyipistan.

Ebenfalls aus Rize stammt der Mafiaboss Sedat Peker. Anfang Oktober, kurz vor dem Terroranschlag des IS auf eine oppositionelle Kundgebung in Ankara, hielt er in der Provinzhauptstadt eine »Kundgebung gegen den Terror« ab. Es werde »in Strömen Blut fließen«, sagte er, die Opposition empörte sich, dass ein »regierungsnaher Bandenchef« ungehindert solche Drohungen aussprechen könne.

Aber hat der Mann wirklich etwas mit der AKP zu tun? »Ja und Nein«, sagt Mahir Polat, der Bürochef des Ortsvorsitzenden. Peker sei »Teil der AKP und wieder nicht«. Doch der 43-Jährige will lieber über etwas anderes reden. Zum Beispiel über die jüngste Rede von Erdoğan. Polat hat im Manuskript einige Stellen unterstrichen. »Versteckte Botschaften«, sagt er.

Mahir Polat steht mit seinem Namen dafür, dass die Schwarzmeerregion nicht immer Hochburg der Nationalisten und Religiösen war. Benannt haben ihn seine Eltern nach Mahir Çayan, einem Anführer der Studentenbewegung. Auch der Betriebswirt Polat sieht sich »links der Mitte«. Doch die einzige sozialdemokratische Partei sei heute die AKP, während die Republikanische Volkspartei (CHP) nur die »alten Eliten« vertrete. Allerdings habe sich auch die AKP zuletzt »ein bisschen vom Volk entfernt« und dafür die Quittung erhalten. Sie werde sich nun »auf die Werkseinstellungen zurücksetzen«.

Ömer glaubt das nicht. »Die lügen und klauen alle«, sagt der 28-Jährige, der in der Fußgängerzone Regenschirme verkauft. Doch auch er wird die AKP wählen. »Die Partei ist mir egal. Aber ich liebe Tayyip Erdoğan. Für ihn würde ich sterben und töten.« Ömer erzählt, wie sie vor ein paar Wochen losfuhren, gut hundert Kilometer rauf nach Hopa an der georgischen Grenze, um das dortige Büro der Demokratiepartei der Völker (HDP) zu verwüsten. Er habe persönlich das Parteischild runtergerissen und eine türkische Fahne an der Fassade befestigt. Der Staatsanwalt habe ihn danach gewarnt: »Junge, du musst aufpassen.« In Rize gibt es kein HDP-Büro, das sie hätten angreifen können.

Mit Nationalismus will Büşra nichts zu tun haben. Sie ist 24 Jahre alt, trägt ein dunkelblaues Kopftuch und einen kräftigen Kajalstrich. Sie selbst, aber auch die gesamte muslimische Welt habe Erdoğan viel zu verdanken: »Ohne ihn könnte ich nicht studieren«, sagt sie. »Und erst seit Erdoğan gehen wir Muslime erhobenen Hauptes durch die Welt. Darum hassen sie ihn im Westen – und darum lieben wir ihn«, erzählt sie und gerät ins Schwärmen:

Erdoğan sei ein Mann mit »Idealen, Mut und Charakter«, einer, dem man vertrauen könne. Es klingt, als rede sie über ihren Angebeteten.

Büşra studiert Medizin an der Recep-Tayyip-Erdoğan-Universität, eines von zwei Denkmälern, die sich der Staatspräsident in seiner Heimat gesetzt hat. Das andere ist die Moschee, die er beim Ort Güneysu hat errichten lassen, wo er einen Teil seiner Kindheit verbrachte, 25 Kilometer südöstlich der Provinzhauptstadt. Vorbei an sattgrünen Teefeldern führt die Fahrt in engen Serpentinen auf den Gipfel des Kible-Berges. An den seltenen klaren Tagen hat man von hier einen fantastischen Ausblick, meistens jedoch liegt die Moschee, ein Nachbau eines berühmten İstanbuler Gotteshauses, im dichten Nebel.

Auf solche Bauten ist Mahir Polat stolz. Im Gegenzug wirft er der Opposition vor, diese habe keine »Projekte«. Auf seinem Tisch liegt ein Wälzer: 777 Seiten, Hochglanzdruck. »13 Jahre Dienst für das Volk«, steht auf dem Deckel des Buchs, das unzählige »Projekte« der AKP zeigt.

Keines davon ist so sprichwörtlich geworden wie der Bau von Straßen. »The road: civilization«, sagt Tom Waits im Independent-Klassiker *Down by Law*. Genau dieser Satz – »Straßen sind Zivilisation« – ist auch ein Markenzeichen der AKP. »Und doppelspurige Straßen sind Doppelzivilisation«, spotten Kritiker. »Sie klauen, aber sie arbeiten«, sagen Leute, die sie mit weniger Überzeugung wählen.

Den Bau der Küstenautobahn am Schwarzen Meer hat die AKP von den Vorgängern übernommen. Größtenteils errichtet auf aufgeschüttetem Land. Eine Folge: Die Bewohner sind nun vom Meer abgeschnitten. Eine andere: In der regenreichen Region funktionieren die natürlichen Wasserabflüsse nicht mehr. Zuletzt starben im August acht Menschen nach schweren Regenfällen.

Damit nicht genug, plant die Regierung eine weitere Verkehrsschneise: »die Grüne Straße«, die die Bergweiden miteinander verbinden soll. 2.600 Kilometer lang, in einer Höhe von bis zu 2.500 Metern, zwei, streckenweise sogar vier Spuren. Zweck: die unberührten Almen des Pontischen Gebirges für den Tourismus zu erschließen – und womöglich auch für den Abbau von Bor, Gold und anderen Bodenschätzen.

»Natürlich bedeuten Straßen Zivilisation«, sagt Haluk Pekşen, CHP-Parlamentsabgeordneter aus der Nachbarprovinz Trabzon. »Aber nur, wenn diese Straßen im Einklang mit der Kultur und der Natur errichtet werden, nach wissenschaftlichen Kriterien und den Bedürfnissen der Menschen.«

Mit großer Mühe hat sich Pekşen den »Tourismus-Masterplan« für die Region besorgt, den er mit einer Mischung aus Stolz und Schrecken vorzeigt. Hotels, Ferienanlagen, Tankstellen, dazu Steinbrüche und Zementfabriken. Im Zentrum: das Umland des Ortes Çamlıhemşin mit dem wild-romantischen Tal des Firtana-Flusses und den Bergweiden ringsherum – ein Naturschutzgebiet.

Als im Sommer schwere Bagger anrollten, regte sich unerwarteter Widerstand. Zu Berühmtheit gelangte die 57-jährige Rabia Özcan. Mit einem Spazierstock setzte sie sich vor den Bagger und die Gendarmen. »Wer ist der Staat? Den Staat gibt es nur durch uns«, schimpfte sie in breitem Schwarzmeer-Dialekt in die Kameras. »Ich bin das Volk, ich bin der Staat.«

Die Bilder von »Mutter Rabia« gingen durchs Land. Rund zwei Monate lang versuchten Menschen, mit Sitzblockaden die Bauarbeiten zu verhindern. Die Staatsmacht fuhr Sondereinheiten und Wasserwerfer auf, immer wieder kam es zu Handgemengen. Schließlich wurden Bauarbeiter und Gendarmerie abgezogen. Widerstand im Herzen von Tayyipistan – das durfte nicht sein.

Rabia Özcan hat nichts dagegen, die Straßen zu ihrer Alm auszubessern, auf die ihre Söhne immer noch Kühe treiben. Und eigentlich wäre auch die Schotterpiste zu ihrem Holzhaus, das auf einem steilen Hang über Çamlıshemşin errichtet ist, verbesserungswürdig. »Aber die Almen brauchen keine Verbindung«, sagt sie. »Die wollen uns nur ausrauben.« Dabei gehörte Özcan Anfang des Jahrtausends zu den Mitgründern des AKP-Ortsverbands. Doch schon bald wandte sie sich enttäuscht ab.

Auch Mustafa Orhan hat einmal die AKP gewählt – »weil Erdoğan einer von hier ist«, sagt der 57-Jährige, den sie hier nur »Bürger Mustafa« nennen. Zu diesem Namen kam er, als Mitte der Neunzigerjahre die damalige Regierung im Fırtına-Tal ein Wasserkraftwerk errichten wollte. Auf einer Versammlung sprach Mustafa Orhan gegen die Zerstörung des Flusstals. »Wer bist du denn?«, fragte ihn ein hoher Beamter herablassend. Seine Antwort, ganz im Sinne der Französischen Revolution: »Ich bin Bürger Mustafa.« Schließlich stoppte ein Gericht das Vorhaben.

Welche Art von Tourismus gewollt ist, kann man heute schon auf der Ayder-Alm besichtigen, die vor einigen Jahren zu einem Disneyland vor allem für reiche arabische Touristen ausgebaut wurde. Die Hügel sind mit Pensionen und Hotels bebaut, die Straße, die durch die Siedlung führt, ist voll mit Imbissen, Cafés und Souvenirbuden.

Ein einziger Hang ist noch frei und wirkt, als hätte man ihn eigens als Selfie-Hügel freigelassen und dort zur Dekoration ein paar Kühe abgestellt. Tatsächlich knipsen die wenigen Touristen, die in der Nachsaison noch auf der Ayder-Alm sind, dort ihre Selfies, auch die vollverschleierten Frauen, worüber sich die Händler lustig machen. Ein türkischer Ausflügler hingegen ist entsetzt. »Das ist doch keine Alm. Heidi würde es hier keinen Tag aushalten«, sagt er kopfschüttelnd.

»Das ist noch gar nichts«, erzählt Evrim Güney. »Im Hochsommer, wenn alle Betten belegt sind, dann stinkt es hier.« Der Nebenfluss des Fırtına, der an der Ayder-Alm vorbeifließt, verkrafte die Abwässer nicht, die ungeklärt hineingeleitet würden. »Das ist ein bizarrer Ort«, sagt Güney.

Der 34-Jährige engagiert sich in der Fırtına-Initiative, die den Widerstand organisierte. Dabei hat er nicht prinzipiell etwas gegen Tourismus, er selbst ist in diesem Geschäft. Zusammen mit seiner Frau hat er den Betrieb mit ein paar kleinen Blockhütten wieder aufgebaut, den hier einst sein Vater Savaş und seine deutsche Mutter Doris auf ihrem Grundstück direkt am Flußufer und inmitten von sattgrünen Hängen errichteten, als es das Wort »Ökotourismus« noch gar nicht gab.

»Natürlich bin ich gegen diese Regierung. Aber mit dem Widerstand gegen die ›Grüne Straße‹ wollen wir nichts weiter, als diese einzigartige Landschaft zu retten. Eigentlich könnten sich auch AKP-Wähler daran beteiligen. Aber die AKP hat die Gesellschaft so polarisiert, dass nichts dazwischen möglich ist: Entweder du bist zu 100 Prozent gegen sie – oder zu 100 Prozent für sie.«

Islamismus plus Straßenbau

Der Lieblingsautor der İstanbuler Taxifahrer heißt Aziz Nesin. Nicht, dass sie alle die satirischen Kurzgeschichten des 1995 verstorbenen Schriftstellers gelesen hätten. Aber ein Wort von ihm zitieren sie liebend gerne: »Aziz Nesin hat ja gesagt, dass 60 Prozent aller Türken Idioten sind. Aber in Wahrheit sind es 90 Prozent!« Seit dem überraschend hohen Wahlsieg der Partei für Gerechtigkeit und Entwicklung (AKP) macht das Wort unter deren enttäuschten Gegnern die Runde. Dabei sind die Türken auch nicht blöder als andere. Sie sind nur muslimisch. Und das ist das Problem: Der Sieg der AKP ist der Sieg des politischen Islam.

Denn viel stärker als bei ihrem ersten Wahlsieg im Jahr 2002 ist die AKP der Gegenwart eine Partei mit einer radikalen Mission. Mit einer *dawa*, wie es im Jargon der Islamisten heißt. Von der einstigen Bündnispartei, der neben der islamistischen Milli-Görüş-Bewegung auch ein großer Teil des bürgerlich-konservativen Milieus, linksliberale Intellektuelle und muslimische Menschenrechtler und die Gülen-Bewegung angehörten, ist nichts mehr übrig.

»Wir haben unser Milli-Görüş-Hemd abgestreift«, hatte Erdoğan damals gesagt. Inzwischen hat er dieses Hemd aus dem Kleiderschrank hervorgekramt und dennoch die Hälfte der türkischen Bevölkerung gewonnen. Das ist die ebenso beachtenswerte wie beängstigende Leistung der AKP: Sie hat den größten Teil des einstigen Mitte-Rechts-Spektrums beerbt und dieses islamisiert, wo die Milli-Görüş-Parteien einen Stimmenanteil von 10, 15 Prozent hatten – und das mit einer Rhetorik, die polarisierender ist als alles, was jemals von Milli Görüş zu hören gewesen war. Die AKP von heute, das ist, um es frei nach Lenin auszudrücken, Islamismus plus Straßenbau.

Von den großen Versprechen ihrer Anfangszeit – Demokratisierung, EU-Beitritt, Wohlstand, Stärkung der Zivilgesellschaft gegen die Militärs, Lösung des Kurdenkonflikts, individuelle Freiheiten – hat sie nur eins erreicht: Die einst mächtige Armee, der selbsternannte Hüter des laizistischen Erbes des Staatsgründers Mustafa Kemal Atatürk, wurde zurechtgestutzt, insbesondere durch die Prozesses wegen angeblicher Putschpläne, in denen hunderte Offiziere angeklagt wurden.

Ansonsten aber ist von diesen Versprechen nichts geblieben – außer der Aufhebung des Kopftuchverbots an Universitäten und im öffentlichen Dienst. Und die gebauten Autobahnkilometer, in denen der zivilisatorische Fortschritt nun gemessen wird. Die Türkei der AKP ist eine riesige Baustelle: Flughäfen, Brücken, Wohn- und Bürokomplexe, Shopping Malls, Kraftwerke. Und eben Straßen, Straßen, Straßen. Die politische Ökonomie der Erdoğan-Herrschaft beruht auf privatem Konsum und auf Beton. In der Propaganda sind Großprojekte wie die dritte Bosporusbrücke oder der dritte İstanbuler Flughafen Zeichen der Rückkehr zum alten osmanischen Glanz – und zugleich »Dienst an der Nation«.

Dafür kennt die türkische Sprache zwei Wörter: *ulus*, eine Wortschöpfung der Kemalisten, mit der sie die Nation im modernen republikanischen Sinn meinten. Und das alte Wort *millet*, was dasselbe bedeuten kann, aber nicht muss. Im Osmanischen Reich bezeichnete es die verschiedenen Glaubensgemeinschaften. Es kann auch schlicht für »Leute« stehen. Wenn Erdoğan von »seiner *millet«* spricht, hat er nicht die moderne Nation im Sinn. Er meint *seine* Leute.

Und die Grundlage, auf der er die Gesellschaft in »wir« und »die« unterteilt, ist der Islam – genauer: der orthodoxe sunnitische Islam. Das ist zugleich die Antwort auf die Frage, die man sich nicht nur in Europa, sondern ebenso in Teilen von İstanbul oder İzmir stellt: Wie zum Teufel kann eine Partei nach all den Verwerfungen und Skandalen noch solche Ergebnisse einfahren? Die Antwort: It's the religion, stupid!

Mag die AKP einen großen Teil der Fernsehsender und der Zeitungen kontrollieren und mit ihren bezahlten Trolls inzwischen in den sozialen Medien eine starke Kraft bilden – mit mangelnder Information der Wähler allein kann man die Erfolge nicht erklären. Nein, ihre Wähler sind nicht doof. Sie sind gläubig. Deswegen entzieht sich ihr ultimatives Argument auch jeder rationalen Diskussion: »Selbst wenn ich mit eigenen Augen sehen würde, dass sie stehlen, würde ich es nicht glauben«, sagte ein Parteianhänger zum Höhepunkt des Ende 2013 von Gülen-nahen Staatsanwälten ins Rollen gebrachten Korruptionsskandals in einem denkwürdigen Straßeninterview.

Sie wählen die Gläubigen gegen die Ungläubigen. Genau das, was das islamistische Krawallblatt *Yeni Akit* am Wahltag forderte: »Macht den Ungläubigen keine Freude!«

Erst in diesem Gewand stoßen Erdoğans Charaktereigenschaften auf gesellschaftlichen Resonanzboden: sein unbändiger Ehrgeiz, nicht nur als bedeutendster türkischer Politiker mindestens seit Atatürk in die Geschichte einzugehen, sondern auch als Anführer der islamischen Welt oder gleich aller »Verdammten dieser Erde«. Die Revanchegelüste gegen die vormaligen Eliten und säkularen Milieus – im AKP-Jargon: die »Alte Türkei« –, die einst das Kalifat abschafften, *seine* Leute belächelten und diese aus dem öffentlichen Leben drängten und seinen persönlichen Aufstieg aus einem İstanbuler Kleine-Leute-Viertel an die Macht zu verhindern versuchten. Und die Angst des Parvenüs, alles Erreichte plötzlich wieder zu verlieren.

Die »Ungläubigen« sind Europa, Amerika und Israel, wo Regierungsmedien und -politiker die Drahtzieher hinter jedem innenpolitischen Problem vermuten. Doch diese Abwendung von Europa war auch eine Folge der Abweisung. Noch als in der Türkei die Reformprozesse im vollen Gange waren, war es allen voran die Bundesregierung unter Angela Merkel, die den Türken klarmachte: Egal, was ihr macht – ihr kommt hier nicht rein.

Dass sie in Europa nicht willkommen waren, erfuhren die türkischen Bürgerinnen und Bürger nicht nur aus den Nachrichten. Sie spürten es am eigenen Leib, etwa wenn sie Verwandte in Berlin besuchen oder sich Paris anschauen wollten und sich dafür demütigenden Visaverfahren unterziehen mussten. Enttäuschung und Verbitterung machten sich breit, auch unter Oppositionellen.

Andererseits brauchte die AKP nach der Entmachtung des Militärs und der kemalistischen Eliten in Justiz und Bürokratie die Erzählung von Europa nicht länger. Spätestens mit dem »Arabischen Frühling« 2011 begann sie von einer Wiedererrichtung des Osmanischen Reiches zu träumen. Zum Vordenker dieses Neo-Osmanismus wurde der damalige Außenminister und heutige Ministerpräsident Ahmet Davutoğlu. Die Religion wurde nun auch zum außenpolitischen Faktor, die Unterstützung dschihadistischer Gruppen in Syrien inklusive.

Doch die »Ungläubigen« sind auch die Feinde im Inneren: Linke, Liberale, Kemalisten, Sozialdemokraten, Aleviten und die kurdische Bewegung. In einem Wahlkampfspot wiederholte die AKP die Mär, dass die PKK in Wahrheit von Ausländern dominiert werde. Noch ihr Nationalismus ist islamistisch gefärbt.

Auch in Erdoğans ständiger Rede von »einer Nation, einer Fahne, einem Vaterland, einem Staat« steckt dieses islamistische Moment: Denn dass es nur einen Gott gibt, gehört zum islamischen Glaubensbekenntnis. Und noch etwas steckt in dieser Formel: *eine* Partei und *ein* Führer. Schon seit einigen Jahren spricht Erdoğan vom »Ziel 2023«, also dem hundertsten Geburtstag der Republik, bis zu dem er die Türkei zu einer führenden Wirtschaftsmacht machen will – und sie, wie ihm Kritiker mit einigem Recht vorhalten, ihrer laizistischen Grundlagen berauben will.

Inzwischen redet er sogar vom Jahr 2071, wenn sich zum tausendstenmal der Sieg der türkischen Seldschuken über Byzanz jähren wird. Die Möglichkeit, dass man bis dahin die eine oder andere Wahl verlieren könnte, ist in diesem tendenziell totalitären Programm nicht vorgesehen. Die AKP, einst mit dem Versprechen angetreten, den autoritären Nachlass des kemalistischen Einparteienstaates beiseitezuräumen, hat seit diesem Sonntag einen großen Schritt zum islamischen Quasi-Einparteienstaat gemacht.

Natürlich ist der Islam nicht das einzige Rezept ihres Erfolgs. Hinzu kommt etwa der – teils auf Pump errichtete – Wirtschaftsboom oder das System von Loyalitäten, Abhängigkeiten und Pfründen, mit dem die AKP Staat, Partei und Wirtschaft zu einer eigenen Form des Kapitalismus verwoben hat. Ein weiterer Aspekt: die heimliche libidinöse Zuneigung, die seine Anhängerinnen für Erdoğan empfinden. Man muss sich nur die vor Verzückung schreiende AKP-Anhängerin ansehen, die am Wahlabend über die Sender lief und halb vor Freude weinend, halb lachend ruft: »Ich fühle mich, als wäre ich im Paradies!« Und selbst das Begehren ist religiös verkleidet.

Lisa Çalan und die Tragik einer Generation

Am Anfang waren die Bomben von Diyarbakır. Am Anfang dieser fünf Monate voller Gewalt, Terror und Krieg, die die Türkei erschütterten, stand der Anschlag auf die Kundgebung der Demokratiepartei der Völker (HDP), zwei Tage vor der Parlamentswahl am 7. Juni 2015. Gemessen an dem, was da noch kommen sollte, war es nicht einmal der schlimmste Anschlag – 5 Tote, 16 Schwerverletzte.

Es schreibt sich leicht: 5 Tote, 16 Schwerverletzte.

Eine dieser Schwerverletzten lernte ich ein paar Wochen später kennen: Lisa Çalan, 28 Jahre alt, Bühnenbildnerin. Ihr waren beide Beine oberhalb der Knie amputiert worden. Als ich Anfang Juli aus einem anderen Anlass nach Diyarbakır flog, besuchte ich sie im Krankenhaus. Am nächsten Tag sollte sie entlassen werden. Sie erzählte von ihrer Angst davor: »Wenn man entlassen wird, bedeutet das ja normalerweise, dass man gesund ist. Ich komme morgen raus. Aber ich bin nicht gesund.«

Eigentlich wollte ich ihre Geschichte aufschreiben: Wie sie in diesem Sommer mit ihrem Freund ans Meer fahren wollte – es wäre ihr erster Urlaub am Strand gewesen. Wie sie ihre erste Regiearbeit angehen wollte. Ich wollte von ihrem Kampf mit den Phantomschmerzen schreiben. Und von ihrem inneren Kampf: einerseits dem Wunsch, eine politische Erklärung für ihr Schicksal zu finden, diesem gar so etwas wie Sinn zu geben, und andererseits dem Schmerz darüber, dass sie nie wieder so tanzen und durch die Berge Kurdistans wandern können wird, wie sie es so gerne getan hat. Von ihrer inneren Zerrissenheit, stark sein zu müssen und schwach sein zu wollen.

Doch ein paar Tage danach zündete ein Selbstmordattentäter eine Bombe in der Grenzstadt Suruç. Die Opfer: Mitglieder einer sozialistischen Jugendorganisation, die als freiwillige Aufbauhelfer ins syrisch-kurdische Kobani wollten. 32 Tote, 35 Schwerverletzte.

32 Tote, 35 Schwerverletzte.

Kurz danach ermordeten mutmaßliche Anhänger der PKK im Ort Ceylanpınar zwei Polizisten in deren Wohnung. Derartige blutige Sabotageakte gegen die Friedensverhandlungen hatte es in den vergangenen Jahren auf beiden Seiten immer wieder gegeben. Doch jetzt nahm das Erdoğan-Regime diesen Doppelmord zum Anlass, den seit Frühjahr 2013 herrschenden Waffenstillstand aufzukündigen. Die Rechnung: alles für eine Atmosphäre von Gewalt und Chaos tun, um daraus bei der Neuwahl, die sich bereits abzeichnete, Profit zu schlagen.

Die Situation hatte sich nun schlagartig verändert. In den folgenden Wochen und Monaten starben rund 600 Menschen. Soldaten, Polizisten, PKK-Kämpfer, Zivilisten. In der Westtürkei besuchte ich Beerdigungen von Soldaten, in Turgutlu und in Balıkesir, wo der 23-jährige Deniz Gökçün zu Grabe getragen wurde. Ich lernte seinen jüngeren Bruder kennen. Mahir. In der Türkei müsste man niemandem erklären, nach wem ihre Eltern sie benannt hatten: Deniz Gezmiş und Mahir Çayan, den hingerichteten bzw. erschossenen Wortführern der türkischen 68er-Bewegung.

Kurz nach dem vorläufigen Ende der heftigen Auseinandersetzungen, die dort zwischen der PKK und den Sicherheitskräften getobt hatten, besuchte ich im Südosten die Stadt Cizre. Dort traf ich Leyla İmret wieder, die ich bei einer Recherche im Mai kennengelernt hatte. Damals hatte die 27-jährige Bürgermeisterin den Grundstein für die erste Kläranlage des Ortes gelegt. Wir sprachen über ihre Träume: Recycling und Mülltrennung. Ein halbes Jahr später war sie des Amtes enthoben und Cizre ein Schlachtfeld. Ohne Rücksicht auf zivile Verluste hatte die PKK den Krieg in die Städte getragen.

Vielleicht werden aus dieser Zeit ein paar Schicksale in Erinnerung bleiben: Das der 10-jährigen Cemile Çağırga, die von einer Polizeikugel getroffen wurde und deren Eltern den Leichnam drei Tage lang in einer Tiefkühltruhe aufbewahrten, weil in Cizre Ausgangssperre herrschte. Des 13-jährigen Fırat Simpil, der durch eine Mine der PKK getötet wurde. Des 22-jährigen Kellners Şeyhmus Sanır, der an seinem Arbeitsplatz bei einem versuchten Attentat auf Polizisten von PKK-Militanten erschossen wurde. Und des 24-jährigen Hacı Lokman Birlik, dessen Leichnam an einem Polizeiauto durch die Stadt Şırnak geschleift wurde.

Für alle anderen aber gilt, wie schon für so viele in der Geschichte dieses Landes, ein Satz aus dem Buch *Jesus Sirach*: »Manche hinterließen einen Namen, so dass man ihr Lob weitererzählte. Andere blieben ohne Erinnerung. Sie sind erloschen, sobald sie starben. Sie sind, als wären sie nie gewesen.«

Zu dem Text über Lisa kam ich nicht mehr. Aber bei meiner nächsten Reise nach Diyarbakır besuchte ich sie in ihrer neuen Wohnung. Ich versuchte ihr zu erklären, warum ich den Text nicht geschrieben hatte. »Ist schon okay«, sagte sie. »Wir finden in diesem Land keine Zeit zum Trauern. Es passieren einfach zu viele schreckliche Dinge. Ich habe nicht die Zeit gefunden, um über meine Beine zu trauern.«

Wir finden keine Zeit zum Trauern.

Eine treffende, eine stille, eine rührende Zusammenfassung der Ereignisse der jüngsten türkischen Geschichte. Eigentlich auch der vergangenen Jahre, Jahrzehnte. Ein paar Wochen später explodierten wieder Bomben. Diesmal auf einer Friedenskundgebung in Ankara. 101 Tote, 65 Schwerverletzte.

101 Tote, 65 Schwerverletzte.

Ich fuhr nach Ankara, nahm dort an einer Beerdigung teil und sprach mit Angehörigen, die vor dem gerichtsmedizinischen Institut auf die Überreste ihrer Liebsten warteten. Von Lisa las ich in diesen Tagen in einer türkischen Zeitung: »Ich musste kein Foto aus Ankara sehen«, wurde sie zitiert. »Ich habe die Schreie, den Brandgeruch so gespürt, als wäre ich selber dort gewesen.«

Ich wiederum fuhr direkt weiter nach Adıyaman, zwischen Zentralanatolien und dem kurdischen Südosten. Nach den Opfern die Täter. Denn alle Attentäter, die von Diyarbakır, Suruç und Ankara, stammten aus der IS-Zelle von Adıyaman. Die Angehörigen und ihre Anwälte erzählten mir, wie sie einen verzweifelten Kampf um ihre in die Fänge der Dschihadisten geratenen Kinder geführt hatten. Wie sie mehrfach bei den Behörden und am Ende sogar persönlich bei Ministerpräsident Ahmet Davutoğlu vorstellig wurden, wie sie Strafanzeigen gegen ihre eigenen Kinder erstatteten und trotzdem alle wegsahen.

Eine dieser Angehörigen war die Mutter von Orhan Gönder. 20 Jahre alt, derzeit inhaftiert. Der Attentäter von Diyarbakır, der Lisas Beine auf dem Gewissen hat. Am Ende des Gesprächs zeigte ich Hatice Gönder ein Foto von Lisa und fragte sie, ob sie ihr etwas mitteilen wolle. »Ich wünschte, mein Sohn wäre tot und die Menschen, die er getötet hat, wären noch am Leben, und diesem Mädchen wäre dieses Schicksal erspart geblieben«, sagte sie leise, mit tränenerstickter Stimme.

Ich schob es vor mir her, Lisa diese Botschaft auszurichten. Es gab ja auch genug zu tun, wenige Wochen später sollte wieder gewählt werden. Das aber war keine dieser Wahlen, wie man sie aus Europa und selbst aus der türkischen Geschichte gewohnt ist. Es war eine Grundsatzentscheidung: zwischen einem islamischen Regime mit diktatorischen Zügen und der Chance auf ein Leben in Freiheit und Frieden.

Anders gesagt: Es ging darum, dass dieses Land nicht fortwährend neue Lisas hervorbringt.

Denn die Geschichte der Türkei ist voller Menschen, die aus politischen Gründen getötet wurden. Viele von ihnen wurden keine dreißig Jahre alt, manche nicht einmal zwanzig. Kinder. Niemand weiß, wie viele von ihnen starben, ohne sich einmal verliebt zu haben.

Aber die türkische Gesellschaft hatte sich in den letzten Jahren gewandelt. Eine Zeit lang war die AKP Teil dieser Öffnung, ehe sie, in dem Maße, in dem sie ihre eigene Macht gegen das Militär und die früheren Eliten festigte, selbst zu einem Hindernis der Demokratisierung wurde. Im Frühjahr 2013, mit den Protesten vom Gezi-

Park, wurde dieser Konflikt zwischen der jungen, städtischen Generation und der Erdoğan-Herrschaft, die nun selber zum Ancien Régime geworden war, offensichtlich.

Doch mit dem Aufbruch von Gezi und dem Waffenstillstand in Kurdistan gab es Hoffnung: Hoffnung darauf, dass dieses Land all das Leid hinter sich lassen und sich zu einer pluralistischen Gesellschaft wandeln könnte, die Platz für alle ihre Gegensätze hat. Für Türken, Kurden, Juden und Christen, für Sunniten, Aleviten und Atheisten; für Linke, Rechte und alle dazwischen.

Die Revolte hatte mein persönliches Interesse an der Türkei wiederbelebt. Ich kam damals nach İstanbul, um darüber zu schreiben – erst für meine damalige Zeitung, die *taz*, dann für ein Reportagenbuch über die dissidente Hälfte der türkischen Gesellschaft. Zwei Jahre nach Gezi trat ich meine neue Stelle als Türkei-Korrespondent der *Welt* an. Die Parlamentswahl vom Juni 2015 bzw. ihre Wiederholung im November sollten eine Phase abschließen, die mit Gezi angefangen hatte.

Es kam bekanntlich anders.

Die Hälfte der türkischen Wählerinnen und Wähler entschied sich für dieses autoritäre Regime. Am Wahlabend sagte eine Freundin, eine bekannte türkische Journalistin: »Ich weiß nicht, wie ich weiter Journalismus machen soll.« Sie meinte nicht die offenen Drohungen von AKP-Politikern gegen ihr Blatt und andere oppositionelle Zeitungen. »Was soll ich tun? Hier über eine Ungerechtigkeit berichten, dort die Opfer des nächsten Massakers besuchen? Ich will nicht Chronistin des Leides sein, wo es keine Hoffnung auf Besserung gibt.« Ich verstand sie nur zu gut. Am nächsten Tag erzählte mir ein Freund, ein junger Kollege von einer anderen Zeitung, wie deprimiert gerade ihre Redaktionssitzungen verlaufen würden: »Sie haben gewonnen, trotz all dem schreienden Unrecht. Mir scheint alles so sinnlos.«

Ganz ähnlich fühlte sich Lisa. Oder nein, sie fühlte sich nicht ähnlich. »Ich habe seit zwei Tagen das Bett nicht verlassen«, erzählte sie, als ich sie anrief. »Ich hadere mit diesem Land und seinen Menschen. Denn diese Partei wird die Macht nie mehr abgeben. Und selbst wenn ich aufhöre, mich für Politik zu interessieren, werde ich hier nicht mehr die Filme sehen und Zeitungen lesen können, die ich will. Und ich frage mich, ob das alles umsonst war, ob ich umsonst meine Beine verloren habe und all diese Menschen umsonst gestorben sind.«

Dieselbe Frage werden sich auch jene stellen, die bei den Gezi-Protesten durch Tränengasgranaten ihr Augenlicht verloren haben, oder in Ankara, Suruç oder andernorts so wie Lisa bleibende Schäden davontrugen: War alles umsonst? Lisa hat keine Antwort darauf. Ich auch nicht.

Das war ihr übrigens in allen Gesprächen wichtig: zu betonen, dass es ihr nicht nur um ihr eigenes Schicksal gehe. Dass andere ihr Leben verloren hätten und nicht alle Überlebenden so viel Aufmerksamkeit erführen wie sie. Die HDP kümmert sich um Lisa, in Europa haben Menschen eine Spendenkampagne für sie gestartet, 100.000 Euro kosten Prothesen und Rehabilitation. Anfang des Jahres wird Lisa nach Deutschland kommen, um sich operieren zu lassen.

»Vielleicht werde ich das in ein paar Wochen anders sehen, aber im Moment denke ich, dass ich am liebsten dort bleiben würde. Ich will nicht zurück«, sagt sie. So ähnlich denken in diesen Tagen viele Menschen, gerade

Menschen in ihrem Alter. Dieses Land riskiert, eine ganze Generation zu verspielen. Die vielleicht klügste, aufgeklärteste und fröhlichste, die es jemals hervorgebracht hat.

Im Olivenhain kurz vor Deutschland

Angela Merkels politische Zukunft entscheidet sich womöglich an Orten wie diesem: der kaum besiedelten Küste des Landkreises Ayvacık im Nordwesten der Türkei. An der schmalsten Stelle sind es neun Kilometer nach Lesbos. Fast zwei Drittel der rund 850.000 Flüchtlinge, die im Jahr 2015 auf den griechischen Inseln ankamen, landeten dort auf dem Boden der Europäischen Union.

Damit soll es bald vorbei sein. Der Ende November vereinbarte »Aktionsplan«: Die Türkei kontrolliert ihre Küsten besser und verpflichtet sich, illegal eingereiste Flüchtlinge zurückzunehmen. Dafür erhält sie von der EU drei Milliarden Euro, zudem entfällt für türkische Staatsbürger die Visumspflicht, wenn sie in die EU reisen wollen.

Bis Mitte Januar hat die Gendarmerie in Ayvacık 2.000 Flüchtlinge aufgegriffen und 27 Schleuser festgenommen. »Seit einer Woche habe ich kein Boot mehr gesehen«, sagt der Betreiber eines Strandcafés, vor dem sich die Hinterlassenschaften der Flüchtlinge angehäuft haben: Schwimmwesten, Plastiktüten, Rucksäcke ... »Vielleicht war Ayvacık zu berühmt geworden. Wenn der Staat es nicht will, könnte kein Vogel fliegen.«

40 Kilometer Luftlinie südlich, in Ayvalık, sitzt Landrat Kemal Nazlı, der oberste Beamte des Landkreises, in seinem Büro, eingerichtet in einem einst griechischen

Herrschaftshaus mit fantastischem Meerblick. In Ayvalık ist Kemal Nazlı der Staat. Könnte gegen dessen Willen wirklich kein Vogel fliegen? Oder ist es unmöglich, eine so ausgefranste Küste abzuriegeln? »Man könnte mit mehr Mitteln besser kontrollieren«, antwortet Nazlı. »Aber kein Staat könnte jeden Vogel aufhalten, der unbedingt fliegen will.« Er könne auch nicht alle Männer Tag und Nacht ans Ufer stellen, sie müssten auch andere Aufgaben erfüllen. Im Winter leben im Landkreis 70.000 Menschen, in der Hochsaison fast eine halbe Million. Nazlı unterstehen 250 Polizisten und Gendarmen. Die Krise hat daran nichts verändert.

Was der »Aktionsplan« für sie konkret bedeutet, weiß keiner der lokalen Verantwortlichen. Bislang jedenfalls reichen die Mittel nicht aus, auch nicht in humanitärer Hinsicht, trotz der 4,6 Millionen Euro, die die Türkei täglich für die Versorgung der Flüchtlinge ausgibt. In größeren Orten springen Bürgerinitiativen ein. »Wir haben Bedarf für die Erste Hilfe: Decken, Kleidung, Babynahrung«, erzählt der 41-jährige Veterinär Özgür Öztürk. »Polizei und Gendarmerie waren anfangs skeptisch. Aber jetzt rufen sie uns, wenn sie Flüchtlinge aufgegriffen oder aus Seenot gerettet haben.«

Am 5. Januar 2016 wurden an der Mündung des Flüsschens Madra die Leichen von 31 Menschen an Land gespült – das größte Bootsunglück an diesem Küstenabschnitt. Der Madra markiert die Grenze zur Nachbargemeinde Dikili. Auf der Ayvalıker Seite reichen die Ferienhäuser bis an den Fluss, südlich ist Schilfland. Hier starteten jeden Tag Boote. Nach dem Unglück vor drei Wochen kamen Journalisten. Flüchtlinge hat seither keiner gesehen. »Die Gendarmerie von Ayvalık sagt: Wir sind nicht zuständig.

Die von Dikili kommt Stunden später, wenn überhaupt«, berichtet eine Ladenbesitzerin. Später erzählt jemand, dass diese Frau ihr eigenes Geschäft mit der Not betreibe: Eine Rolle Kekse koste bei ihr sonst zwei Lira, doch von Flüchtlingen nehme sie zwei Euro – das Dreifache.

Nicht nur die Schleuser verdienen an diesem Geschäft, Stücke oder Krümel fallen auch an andere ab: Hoteliers, Ladenbesitzer, Taxifahrer, Beutejäger, Bauern, die ihre Felder an die Schleuser verpachten usw. Kostete im Vorjahr die Überfahrt noch bis zu 3.000 Dollar, kann man jetzt schon für 650 Dollar buchen. Dann allerdings mit 60, 70 Menschen in einem Schlauchboot für 30 Personen. Je geringer das Risiko, desto höher der Preis.

»Die EU will der Türkei drei Milliarden Euro für drei Jahre zahlen«, sagt der Medizinprofessor Cem Terzi vom Verein »Brücke der Völker« in İzmir, der sich der medizinischen Hilfe widmet. »Der Umsatz der Schlepperindustrie war im letzten Jahr höher. Glauben Sie, dass dieses Geschäft einfach aufhört? Das ist die größte Wanderungsbewegung seit dem Zweiten Weltkrieg. Wer sie aus der Nähe erlebt, bleibt nicht unberührt.«

Bald werden wir, der Fotograf Volkan Hiçyılmaz und ich, erleben, dass dieser Befund auch auf Journalisten zutrifft. Im Landkreis Dikili, unweit des Dorfes Bademli, sehen wir von einer Anhöhe ein Schlauchboot. Es ist elf Uhr, die Sonne strahlt, die orangen Schwimmwesten leuchten im blauen Meer. Der zuständige Landrat Mustafa Sezgin will das nicht kommentieren. »Ich kann Ihnen nur Zahlen nennen. Und die habe ich nicht parat.«

Anders als sein Amtskollege Nazlı ist Sezgin, ein fülliger Mittfünfziger mit Doppelkinn und Toupet, beim Unglück Anfang Januar nicht zur Fundstelle gefahren. »Warum soll ich meine Psyche beschädigen? Aber ich verfolge die Ereignisse aus der Nähe hier auf Facebook«, sagt er und deutet auf seinen Computerbildschirm. Am oberen Rand können wir den berühmten blauen Streifen sehen.

Am nächsten Morgen fahren wir erneut in das Dorf und geraten in eine Straßensperre. Die Gendarmerie hat 250 Syrer und Iraker festgesetzt. Einige von ihnen hatten in der Nacht versucht, überzusetzen. Doch wegen der hohen Wellen sei nach wenigen Metern Panik ausgebrochen, erzählt der 35-jährige Elektrotechniker Zaid aus Bagdad. Der Steuermann, der 23-jährige Mohammed aus Aleppo, habe das Schlauchboot auf Felsen gesetzt. Die Schlepper hätten ihm zuvor kurz gezeigt, wie das Boot zu steuern sei. Im Morgengrauen habe die Gendarmerie sie am Ufer aufgegriffen.

Ein paar Stunden später sind Zaids Jeans immer noch nass. Die Temperatur liegt am Gefrierpunkt, er hat weder Hose noch Socken zum Wechseln. »Ich will nach Europa, weil es dort Frieden gibt«, sagt er. »Und weil ich nicht an den Islam glaube.« Die Eltern, die mit ihren Kindern ins Boot stiegen, könne er nicht verstehen. Neben ihm steht Alaa, ein Friseur aus Damaskus. Sein Sohn ist vier Jahre alt, seine Tochter 13. »Ich mache das nur wegen meiner Kinder«, entgegnet er. »Wir waren zwei Jahre in İstanbul. Meine Tochter hat dort keine Schule gesehen.«

Die Flüchtlinge haben auf der Dorfstraße zum Aufwärmen Feuer angezündet. Von den Bewohnern lässt sich während des stundenlangen Wartens keiner blicken. Die Hälfte des Dorfes verdiene mit, sagen die Gendarmen. Die Gendarmen hängen mit drin, sagen sie in der Teestube.

Um die Mittagszeit, als die Gendarmen immer noch auf die Busse warten, um die seit Stunden in der Kälte ausharrenden Menschen abzutransportieren, macht die Straßensperre unerwartet einen weiteren Fang: Ein Lastwagen. Unter der Plastikplane sind menschliche Umrisse zu erkennen. Rund 50 Menschen, alle aus Afghanistan, vorne die Männer, die nun ängstlich unter der Plane lugen, hinten die Frauen und Kinder. Auf die Ladefläche gepackt, als handle es sich um Wassermelonen.

Weitere zwei Stunden später werden alle, die Afghanen wie die Syrer und Iraker vom Morgen, auf die Wache von Dikili gebracht. Insgesamt 303 Flüchtlinge. »Alle meine Männer sind damit beschäftigt«, sagt der Gendarmeriekommandant. »Aber die Syrer dürfen sich frei bewegen. Wir bringen sie nach İzmir oder İstanbul und in ein paar Tagen sind sie wieder hier.«

Einem Tipp aus der Teestube des Dorfes folgend fahren wir später fünf Kilometer hinaus in einen Olivenhain. Menschen laufen uns entgegen, dann kommen sechs Männer mit einem seefertigen Schlauchboot. Von der Straßensperre in der Nähe haben sich die Schlepper nicht abhalten lassen. Offensichtlich wurden sie im letzten Moment gestört – von der Küstenwache, deren Boot wenige Meter vom Ufer entfernt liegt. Im Wasser hätte sie eingegriffen. Doch an Land ist die Küstenwache nicht zuständig.

Es ist kurz vor Sonnenuntergang. Es schneit. Die Flüchtlinge verstreuen sich im Olivenhain. Vermutlich werden die Schlepper ohne Rücksicht aufs Wetter das Auslaufen befehlen, sobald die Luft rein ist. Für sie endet jedes Risiko dort, wo es für die Menschen in den Booten erst richtig beginnt.

Was tun?, fragen Volkan und ich uns. Entweder melden wir diese Menschen im zugefrorenen Olivenhain und durchkreuzen zumindest vorläufig all ihre Hoffnungen.

Oder wir melden sie nicht und werden uns hinterher womöglich schwere Vorwürfe machen. So oder so werden wir handeln und in das Geschehen eingreifen, das wir doch nur beobachten wollten – so wie wir am Morgen schon den Verdacht hatten, dass die Straßensperre nur darum errichtet worden war, weil wir tags zuvor Facebook-Landrat Sezgin nach den Vorgängen im Dorf Bademli befragt hatten. Es ist so, wie der Flüchtlingshelfer Terzi sagt: Wer diese Massenbewegung aus der Nähe erlebt, bleibt nicht unberührt.

Wir entscheiden uns, diese Flüchtlinge zu melden und fahren wieder zur Wache. »Mal sehen«, sagt der Kommandant. »Wir haben weder Personal noch Platz«, sagt einer seiner Adjutanten. Die Gendarmerie wird, das wird uns klar, nichts unternehmen. Mit dem beklemmenden Gefühl, dass diese Menschen im Olivenhain sich in der Nacht womöglich auf eine Reise in den Tod begeben werden, verlassen wir Dikili in Richtung Süden.

Am nächsten Tag in Çeşme. Von der Küste aus sieht man die Häuser der Insel Chios. An einer Bucht außerhalb des Ortes verwittert, von der Straße nicht einsehbar, eine nicht fertiggestellte Siedlung. Ihr Name: »Deutsches Feriendorf«. »Hier warteten manchmal tausend Flüchtlinge auf ihre Boote«, erzählt ein junger Mann. »Die Gendarmerie kam alle paar Wochen vorbei. Am nächsten Tag waren die Flüchtlinge wieder da. Vor zwei Wochen hat der Gouverneur Sondereinheiten geschickt. Jetzt kontrollieren die Gendarmen fünfmal am Tag.«

Das »Deutsche Feriendorf« mag geräumt sein, doch die Ausweichstelle ist keine zwei Kilometer entfernt. Im Gebüsch am Ausgang der Bucht stoßen wir auf eine Gruppe von Iranern und Afghanen. »Die Organisatoren haben gesagt, dass wir hierherlaufen sollen«, erzählt der Mittdreißiger Faysal. Wegen der oft hohen Wellen ist die Halbinsel von Çeşme, der südliche Eingang zum Golf von İzmir, im Sommer bei Surfern beliebt. In dieser Jahreszeit ist die See noch rauer. Faysal ist vor ein paar Tagen aus Kabul nach İstanbul geflogen. Das Meer hat er nie zuvor gesehen.

Auf der Rückfahrt laufen uns Grüppchen mit leichtem Gepäck entgegen. Es wird nicht bei den erwarteten 45 Passagieren bleiben. Polizei ist nicht zu sehen. Dieses Mal sagen wir nichts.

Was ist in dieser Situation das Richtige? Esra Şimşir lächelt verlegen. Sie leitet in İzmir das Büro des Vereins Asam, der in der Türkei das UN-Flüchtlingshilfswerk vertritt. »Wir versuchen, die Menschen zu überzeugen, hier zu bleiben oder auf legalem Weg die Ausreise zu versuchen«, sagt sie. Die Türkei habe viel zu wenig gemacht, um ihnen eine Perspektive zu geben. Die jüngst beschlossenen Arbeitserlaubnisse seien immerhin ein Anfang.

Aber was wird vor Inkrafttreten des »Aktionsplans« passieren? »Wir erwarten eine Explosion«, antwortet Şimşir. Die Statistik stützt diese Vermutung: 1.694 Flüchtlinge wurden im Januar 2015 auf den griechischen Inseln registriert. Bis zum 27. Januar dieses Jahres waren es 50.668.

Doch die Massenflucht findet nicht mehr so offen statt wie im vergangenen Sommer und Herbst, auch nicht in İzmir, dem zweiten großen Umschlagplatz neben İstanbul. Am Bahnhof Basmane schlafen keine Menschen mehr, und die wenigen Geschäfte, die noch Schwimmwesten im Schaufenster haben, führen nur Markenware. Die lebensgefährlichen Imitate sind nach Razzien verschwunden.

Unter der Theke sollen sie weiterhin verkauft werden. In den Cafés von Basmane sieht man nur die Vermittler. Die meisten sind selbst Syrer, Fußvolk der Schlepper. Mit uns reden wollen sie nicht.

Die Alternative: Telefonnummern, die auf Facebook kursieren. Wir rufen an: »Ich habe zehn Freunde aus Afghanistan. Kannst du helfen?« – »Ja. Bring sie morgen früh zum Busbahnhof von İstanbul.« – »Wohin bringst du sie?« – »Didim, von da nach Samos.« – »Was für ein Boot, wie viele Leute?« – »Barkasse, elf Meter, Maximum 50 Leute.« – »Wie viel?« – »1.000 Dollar.« – »Dann sage ich denen 1.250.« – »Kein Problem, sag 1.250, 1.500, was du willst.« – »Und wenn die Polizei sie schnappt?« – »Kein Problem. Dann kommen sie noch mal.« – »Garantie?« – »Garantie!«

Am Freitag, einen Tag nachdem wir die Flüchtlinge im Gebüsch bei Çeşme entdeckt haben und drei Tage nach der Operation bei Dikili, birgt die griechische Küstenwache vor Samos 25 Leichen, darunter zehn Kinder. Faysal und die anderen aus dem Gebüsch hingegen haben es offenbar geschafft, wie es auch die Gruppe aus dem Olivenhain geschafft haben muss.

Und die Festgenommenen aus Dikili? Zu den Afghanen vom Laster haben wir keinen Kontakt, wir wissen also nicht, ob sie, was bei allen Nicht-Syrern Vorschrift wäre, in ein »Abschiebezentrum« gebracht wurden. Den Iraker Zaid können wir nicht erreichen. Mohammed aus Aleppo ist zurück in İzmir. Er will es bald wieder versuchen. Der Damaszener Alaa schickt uns Fotos aus dem Raum auf der Wache, in dem sie 30 Stunden lang zusammengepfercht wurden. Am Samstag meldet er sich erneut – aus Samos! Er und seine Familie haben es geschafft.

Am selben Tag eilt die türkische Küstenwache in Ayvacık, wo es zuletzt so ruhig schien, zu einer havarierten Barkasse. 75 Überlebende, 37 Tote.

Getrennt in Wut und Angst

Keine 24 Stunden ist es her, dass zwei Dutzend Soldaten unter dem Befehl eines Unteroffiziers versucht hatten, den Taksim-Platz zu besetzen. Einige hundert Bürger stellten sich ihnen friedlich entgegen, dem Aufruf folgend, den Staatspräsident Recep Tayyip Erdoğan am späten Abend über das Handy der Moderatorin Hande Fırat im Fernsehsender CNN-Türk verbreitet hatte.

Vielen der einfachen Soldaten am Taksim-Platz konnte man an ihren Gesichtern ablesen, dass sie keine Ahnung hatten, worein sie geraten waren. Warnschüsse fielen. Doch am Ende übergab sich diese aufständische Einheit der Polizei. Hier verlor in der vergangenen Nacht niemand sein Leben – ganz anders als an anderen Orten der Stadt und in Ankara: an der Bosporusbrücke, am İstanbuler Rathaus, am Präsidentenpalast in der Hauptstadt, am Sitz des Staatssenders TRT, in der Zentrale der Sondereinheit der Polizei ... Insgesamt 249 Menschen, darunter 183 Zivilisten.

Den Putschisten mag es an vielem gemangelt haben – es fehlte ihnen jedoch nicht an der Skrupellosigkeit, um mit Kampfhubschraubern und Maschinengewehren unbewaffnete Menschen niederzumetzeln und sie mit Panzern zu überrollen. Die angeblichen Retter der Demokratie scheuten nicht einmal davor zurück, mit Kampfflugzeugen das Parlamentsgebäude zu bombardieren, wo sich in der Nacht aus Protest gegen die Erhebung rund hundert Abgeordnete aller Fraktionen versammelt hatten. Eine Bombe verfehlte nur knapp den Plenarsaal und schlug im Foyer ein.

Jetzt haben sich an verschiedenen Plätzen der Stadt und im ganzen Land noch viel mehr Menschen versammelt; allein am Taksim sind es mehrere zehntausend. Doch es ist keine pluralistische Zivilgesellschaft, die über alle Unterschiede hinweg gemeinsam den Sieg über eine Machtergreifung des Militärs feiern und gemeinsam die Opfer betrauern würde, wie hier überhaupt nichts nach Trauer aussieht. Gekommen sind allein Fans der Regierungspartei AKP, ergänzt um einige Anhänger der rechten MHP. Nach Kleidung und Gebaren zu urteilen stammen die meisten aus ärmeren Vierteln, manche gehören dem neuen islamischen Bürgertum an. Und es klingt, als würden sie einen noch größeren Triumph feiern als allein die Niederschlagung des Putsches.

»Wir haben die Stadt zurückerobert«, rufen die Einpeitscher. Und: »Die Putschisten haben mit allem gerechnet, aber nicht mit dem Widerstand von Tante Fatma und Onkel Hasan, die in ihren Pantoffeln herbeigeeilt sind, um den nationalen Willen zu verteidigen.« Das meint im AKP-Sprech: die Herrschaft von Präsident Erdoğan und seiner Partei zu verteidigen.

So sprechen später denn auch Abgeordnete der AKP, aber keine Vertreter der Opposition. »Allahu akbar« skandiert die Menge immer wieder, »Allah ist groß«; manche recken den Zeigefinger zum Gruß der Islamisten. Dazwischen laufen Wahlkampfhits von Erdoğan, viele singen und wippen mit. Es ist die erste politische Kundgebung auf dem Taksim-Platz seit dem Ende der Gezi-Proteste

2013, die nicht gewaltsam von der Polizei aufgelöst wird. Stattdessen posieren Polizisten mit Demonstranten an einem stehen gebliebenen Panzer der Putschisten für Selfies.

Der Platz ist das Herz des modernen İstanbuls; er ist umringt von Luxushotels, dem Atatürk-Kulturzentrum und der griechisch-orthodoxen Agia-Triada-Kirche. Nur eins fehlt: ein monumentaler Bau, der an das erinnern würde, worauf sich die allermeisten dieser Menschen und ihr Präsident so gerne berufen: die osmanisch-islamische Geschichte. Südlich grenzt die İstiklal-Straße mit ihren Geschäften und den Seitengassen voller Bars, Raki-Restaurants und Clubs an, westlich der Gezi-Park, vor gut drei Jahren Schauplatz der größten Niederlage der AKP-Herrschaft.

Wie ernst sie es mit martialischen Parolen wie »Sag es und wir töten, sag es und wir sterben« meinen, haben Erdoğan-Anhänger in der Putschnacht gezeigt, indem sie sich todesmutig den Soldaten entgegenwarfen – und manche auch, indem sie auf der Bosporusbrücke und im Regierungsviertel in Ankara entwaffnete Soldaten lynchten oder dies versuchten, aber von Polizisten oder ihren Mitstreitern aufgehalten wurden.

Die Wut der Demonstranten auf dem Taksim-Platz richtet sich in erster Linie gegen die Putschisten und den einstigen Erdoğan-Verbündeten Fethullah Gülen, den die Regierung für den Drahtzieher des Putsches hält und für die sie hier die Todesstrafe fordern. Doch bei den meisten schwingt noch mehr mit: »Wegen diesem Park dahinten sind fünf oder zehn Leute gestorben«, sagt ein Mittdreißiger, auf den Gezi-Park deutend. Er stammt aus Başakşehir, einer Wohngegend der neuen islamischen Mittelklasse. »Wir haben in einer Nacht 250 Märtyrer gegeben, wir haben gegen Flugzeuge und Hubschrauber gekämpft. Diese Marodeure sollen noch einmal kommen.«

Diesen Satz hat er sich nicht selber ausgedacht, er zitiert fast wörtlich einen der bekanntesten professionellen AKP-Trolle auf Twitter. »Wir müssen jetzt groß saubermachen«, wirft eine Frau ein. Sie ist Mitte 20, über ihr Kopftuch hat sie die türkische Fahne gebunden. »Wir müssen mit allen Feinden des Volkes aufräumen und am besten hier in Taksim anfangen.« »Das ganze Land gehört uns«, wirft ein Mann um die 60 ein. Dann ruft einer von weiter hinten »Allahu akbar!« Alle stimmen ein.

Es ist nicht zuletzt diese Sprache, die die säkularen Erdoğan-Gegner verängstigt – und sie davon abhält, sich den Feiern anzuschließen, selbst wenn die allermeisten kemalistischen, linken und liberalen Regimekritiker mit Verweis auf die leidvolle Geschichte mit Militärinterventionen einen Putsch ablehnen. So manche misstrauen der offiziellen Darstellung der Vorgänge; noch mehr fürchten, dass Erdoğan die Gelegenheit zum großen Schlag gegen alle Kritiker nutzen wird, hat er doch vergangene Nacht den Putschversuch als »Gunst Allahs« bezeichnet.

»Sie feiern nicht die Rettung der Demokratie, sie feiern die islamische Revolution«, sagt ein Mann Anfang 40 in einer Bar im schicken Viertel Cihangir, das südöstlich an den Taksim-Platz grenzt. Für einen Samstagabend sind die Bars von Cihangir gähnend leer, einige gar geschlossen.

20 Kilometer entfernt, im von Aleviten und Kurden bewohnten Stadtteil Gazi, ist die Stimmung angespannt. Am Nachmittag wollte eine Gruppe von Männern in salafistischer Tracht durchs Viertel laufen. Bewohner stellten sich ihnen entgegen, schließlich ging die Polizei dazwischen. Bei vielen Aleviten herrscht Angst, dass die religiös und

nationalistisch aufgeladene Stimmung in Pogrome gegen sie umschlagen könnte. Es wäre nicht das erste Mal.

Man könnte all das für Paranoia halten. Aber Maßnahmen wie die Festnahme von fast 3.000 Staatsanwälten und Richtern – darunter Angehörigen der höchsten Gerichte – bieten tatsächlich Anlass zur Sorge. Schon macht das Wort von einem »Gegenputsch« die Rede. Der sozialdemokratische Oppositionsführer Kemal Kılıçdaroğlu forderte eine Untersuchung der Lynchfälle. Und Selahattin Demirtaş, Chef der prokurdischen HDP, meinte, der Rechtsstaat müsse nicht nur vor einem militärischen, sondern auch vor einem »zivilen Putsch« geschützt werden.

Zugleich scheinen sich manche nun mit Erdoğan arrangieren zu wollen. Allen voran die Mediengruppe Doğan, deren Sender CNN-Türk in der Putschnacht zeitweise besetzt wurde. »Wenn du zuerst denkst, dass dieser Putsch Erdoğan nutzt, dann bist du ein Putschist«, kommentiert der liberale Autor İsmet Berkan im Doğan-Blatt *Hürriyet*. »Wenn du fragst: Was ist das für ein merkwürdiger Putsch, dann bist du ein Putschist.« Das dürfte Erdoğan genauso sehen.

Der Putschist

Eine »Geheimdienst-Warnung für alle 81 türkischen Provinzen« meldete jüngst die Satireseite *Zaytung*: »Jederzeit kann überall alles passieren.« Die eigentliche Pointe: Das ist keine satirische Zuspitzung, jedenfalls keine allzu starke. Denn in der Türkei scheint gegenwärtig tatsächlich alles passieren zu können. Zum Beispiel diese Meldung, die ebenfalls so klingt, als hätte sie sich ein Satiriker ausgedacht: Gegen den Staatsanwalt, der die Terrorermittlungen gegen die regierungskritische Zeitung *Cumhuriyet* leitet, laufen seinerseits Terrorermittlungen.

Kaum hatte ein Journalist der Onlinezeitung *Oda TV* dies aufgedeckt, wurden gegen ihn Ermittlungen eingeleitet. Keine 24 Stunden später waren diese wieder eingestellt, dafür aber die Staatsanwälte im Fall *Cumhuriyet* ausgetauscht.

Journalisten und Oppositionspolitiker werden verhaftet, Zeitungen und Fernsehsender geschlossen, Lehrer, Richter und andere Staatsbedienstete gefeuert. Auch das Internet wird immer schärfer kontrolliert, Twitter und Facebook werden immer wieder genau überwacht und bei Bedarf abgestellt. In den vergangenen Tagen wurden sogar VPN-Leitungen gekappt, mit denen man bisher sichere Auslandsserver erreichen konnte.

Der türkische Präsident Recep Tayyip Erdoğan schafft sich ein Reich, wie es ihm gefällt. Seit dem Putschversuch vom 15. Juli 2016, hinter dem der im amerikanischen Exil lebende Prediger Fethullah Gülen stecken soll, ist niemand mehr vor Erdoğans Rache sicher. Und mit einem Referendum will er die Fast-Alleinherrschaft, die er faktisch schon hat, bald offiziell absichern lassen.

Die Anhänger der Opposition können kaum fassen, was mit ihrem Land passiert – und mit Menschen wie Hikmet Çetinkaya, einem der festgenommenen *Cumhuriyet*-Journalisten. Der 74-jährige Ex-Chefredakteur hat einen guten Teil seines journalistischen Lebens dem Kampf gegen die Gülen-Organisation gewidmet, wofür sich Gülen persönlich über die Jahre mit insgesamt 170 Strafanzeigen gegen Çetinkaya revanchierte.

Die AKP hingegen war lange Zeit eng mit der Gülen-Bewegung verbunden. Die einen hatten die Massenbasis, die anderen das ausgebildete Personal, um den Staat zu übernehmen – Grundlage eines Bündnisses, das über ein Jahrzehnt lang funktionierte. Führende AKP-Politiker konnten damals nicht genug für Gülen schwärmen. Bekir Bozdağ zum Beispiel: »Fethullah Gülen hat große Dienste dafür geleistet, Generationen zu erziehen, die den nationalen und ideellen Werten dieses Landes verbunden sind«, sagte er im März 2011. Da ging es um die von Gülen-nahen Staatsanwälten geführten Prozesse gegen die angebliche Putschistenorganisation »Ergenekon«. Die Urteile dieser Prozesse, die Bozdağ damals für völlig rechtsstaatskonform befand, sind inzwischen einkassiert.

Heute ist Bozdağ Justizminister. Niemand habe der Türkei »Lehren zu erteilen«, blaffte er vorige Woche Bundeskanzlerin Angela Merkel an. Çetinkaya hingegen verbrachte die Woche mit zwölf seiner Kollegen in Polizeihaft. Der Vorwurf: Sie hätten im Auftrag der Gülen-Organisation sowie der kurdischen PKK Straftaten begangen.

»Das ist völlig verrückt«, sagt der *Cumhuriyet*-Reporter Ahmet Şık. Der 46-Jährige ist ein sehr bekannter investigativer Journalist. Im Zuge der »Ergenekon«-Ermittlungen wurde er wegen seines Buches über die Gülen-Bewegung verhaftet und verbrachte ein Jahr in Haft. Trotzdem will er nicht ausschließen, dass man auch ihn einer Zusammenarbeit mit Gülen bezichtigt.

Nach den Festnahmen bei der *Cumhuriyet* hat die Polizei die kleine Straße im säkularen İstanbuler Bezirk Şişli, in dem das Redaktionsgebäude liegt, abgesperrt. Einlasskontrollen, Wasserwerfer, maskierte Beamte mit Maschinenpistolen. Drinnen vermischt sich der Redaktionsalltag mit dem Trubel der vielen Gäste und Unterstützer. »Wenn es wirklich darum ginge, die Komplizen des Putschversuchs zu finden, dann müsste man mit Recep Tayyip Erdoğan anfangen«, sagt Şık. »Erst mit Erdoğan hat die Gülen-Organisation den Staat überschwemmt. Die AKP versucht jetzt im Mafiastil, alle Zeugen auszuschalten. Die AKP ist keine Partei, sie ist eine Mafiabande.«

Ein hartes Wort. Und doch trifft es den Kern des Problems. Eine Geschichte, die Anfang 2014 im Zuge der von Gülen-nahen Staatsanwälten geführten Korruptionsermittlungen bekannt wurde, macht diesen Vorwurf nachvollziehbar: Als der vormalige Eigentümer der heutigen Mediengruppe Turkuvaz, zu der etwa der Fernsehsender atv und die Tageszeitung *Sabah* gehören, 2007 in die Krise geriet, sprang die AKP-nahe Çalık-Holding ein, an deren Spitze Erdoğans Schwiegersohn Berat Albayrak stand.

Doch Çalık hatte sich verkalkuliert und wollte die Gruppe wieder loswerden. Der neue Abnehmer: der Baukonzern Kalyoncu. Der aber konnte die nötigen 1,1 Milliarden Dollar nicht aufbringen. Daraufhin schaltete sich Erdoğan ein und forderte einige eng mit der Regierung verbundene Bauunternehmer dazu auf, in einen »Pool« einzuzahlen, um die Gruppe aufzukaufen. Während sein Schwiegersohn im Folgenden in die Politik wechselte und später Minister wurde, übernahm dessen Bruder Serhat Albayrak die Führung der Mediengruppe. Im Gegenzug wurden die Bauunternehmer, die in den »Pool« eingezahlt hatten, mit staatlichen Großaufträgen belohnt. Don Corleone hätte es nicht besser machen können.

Doch trotz aller Bestrebungen, staatliche und private Medien unter Kontrolle zu bringen, trotz der 155 Tageszeitungen, Zeitschriften, Nachrichtenagenturen, Radiostationen und Fernsehsender, die seit dem Putschversuch per Notstandsdekret geschlossen wurden, hat der Schlag gegen die *Cumhuriyet* viele schockiert.

Hatten AKP-Politiker nicht immer wieder auf die Existenz der ebenso renommierten wie oppositionellen Zeitung verwiesen, um Kritik an der mangelnden Pressefreiheit zurückzuweisen? »Offenbar brauchen sie kein Alibi mehr«, meint der Ex-Chefredakteur Can Dündar, der inzwischen in Berlin lebt. Ähnlich sieht es Şık: »Jeden Tag wird deutlicher, was Erdoğan in der Putschnacht gemeint hat, als er von einer ›Gunst Allahs‹ sprach. Und ich sehe nichts, was auf absehbare Zeit diesen türkisch-sunnitischen Faschismus aufhalten könnte.«

Noch ein hartes Wort. Aber es fällt immer häufiger, im Inland wie im Ausland. Der ehemalige Daimler-Vorstandschef Edzard Reuter, der einst mit seiner Familie vor den Nazis ins türkische Exil geflohen war, sprach im Interview mit der *Zeit* von »Faschismus«, ebenso Selin Sayek-Böke, die Sprecherin der größten Oppositionspartei CHP.

Nur geringfügig vorsichtiger formuliert es Nachrichtenchef Bülent Özdoğan, der derzeit den festgenommenen neuen Chefredakteur Murat Sabuncu vertritt. Er spricht von »faschistischen Tendenzen«. Um die Pressefreiheit sei es in der Türkei noch nie gut bestellt gewesen, meint Özdoğan. Aber früher habe man auf die höchste Gerichtsbarkeit hoffen können. Doch nach dem Putschversuch sei auch das weggefallen. Und noch etwas habe sich geändert: »Früher hatten wir es mit einer Partei zu tun. Jetzt haben wir ein Regime, das alle drei Gewalten der Kontrolle eines Mannes unterwerfen will – und dem alles, was wir europäische Werte nennen, nicht nur egal ist, sondern der das auch offen ausspricht.«

Bis zum hundertsten Staatsjubiläum im Jahr 2023, so proklamierte Erdoğan vor einigen Jahren, soll die Türkei zu den größten zehn Industrienationen der Welt aufschließen. Die »neue Türkei«: fromm, autoritär, ultrakapitalistisch. Ein Land, in dem die Moderne nur an der Länge der Autobahnen und der Höhe der Hängebrücken gemessen wird.

Wird die *Cumhuriyet* zusammen mit der Republik, nach der sie benannt ist, ihren hundertsten Geburtstag feiern? »Ja«, glaubt Özdoğan. »Diktaturen sind nicht so langlebig, wie die Diktatoren träumen.«

Draußen wird es dunkel; die Menge vor dem Redaktionsgebäude wird größer. Was sie hertreibt? »Wir kämpfen für die Pressefreiheit«, antwortet eine Studentin Anfang 20. »Ohne die gibt es gar keine Freiheit.« Mit ihren Freunden, linken Aktivisten aus dem abgelegenen und mehrheitlich von Aleviten bewohnten Armenviertel Sarıgazi, übernachtet sie seit drei Tagen im Redaktionsgebäude.

Ein paar Meter weiter stehen zwei Frauen um die 30. Make-up, Business Casual. Sie sind direkt nach Büroschluss hergekommen. »Ich arbeite für einen großen Konzern, der eng mit der Regierung verbunden ist«, erzählt eine dieser Frauen. »Ich muss mich dort den ganzen Tag verstecken, ich achte sogar darauf, was ich auf Facebook schreibe. Da will ich wenigstens hier ein bisschen Gesicht zeigen. Das ist immer noch besser, als beim Raki das Land zu retten.« Und ihre Freundin meint: »Die *Cumhuriyet* verkörpert für mich die Republik. Und das heißt Laizismus und Gleichberechtigung der Frauen.«

Es gebe einen Zusammenhang zwischen den ständigen frauenfeindlichen Äußerungen aus der Staatsführung und der Stimmung auf der Straße. Der Mann, der in einem Stadtbus einer Krankenschwester wegen ihres Minirocks ins Gesicht getreten habe, habe sich durch Erdoğan ermutigt gefühlt, meint sie, auf einen Fall anspielend, der jüngst für Aufmerksamkeit sorgte. Seit den Kundgebungen von Erdoğan-Anhängern im Sommer kämen solche Übergriffe immer öfter vor. »Ich passe genau auf, wo ich mich allein bewege und was ich anziehe.«

Am Teestand stehen einige Frauen, die ganz einem Klischee entsprechen: um die 60 Jahre alt, eine ist pensionierte Lehrerin, eine andere pensionierte Finanzbeamtin. Für ihre glühende Atatürk-Verehrung und ihr gouvernantenhaftes Auftreten wurden Frauen wie diese jahrelang als »laizistische Tanten« verspottet – gerade von Liberalen und Linksliberalen, die ihnen und der gesamten CHP vorwarfen, der autoritären und nationalistischen Modernisierung nachzutrauern, für die Atatürks Republik ja auch stand.

»Jetzt geben uns alle recht«, sagt die ehemalige Lehrerin eher echauffiert als triumphierend. »Anders als die Liberallalas habe ich Erdoğan die Wandlung zum Demokraten nie abgenommen.« Die Ex-Finanzbeamtin ergänzt: »Wie konnte Europa nur einem Mann vertrauen, der schon vor Jahren erklärt hat: ›Die Demokratie ist eine Straßenbahn, wenn wir am Ziel sind, springen wir ab‹?«

Aber was denkt eigentlich jene Hälfte der Bevölkerung, die Erdoğan »meine Nation« nennt? Sind sie alle nur verblendet von der Mischung aus Islamismus und Nationalismus, die seit dem Bruch des Waffenstillstands mit der kurdischen PKK den Regierungsdiskurs prägt? So begeistert von den Autobahnen, Brücken und Flughäfen? Nur durch materielle Interessen der Regierung verbunden? Was sagen sie zu der Kritik, dass auf die Niederschlagung des Putsches ein Gegenputsch gefolgt sei?

»Sie müssen zuerst sehen, was in der Putschnacht passiert ist«, antwortet Fatih Konca. Mit seinen zum Zopf gebundenen langen Haaren und dem lässigen Bart wirkt der 34-Jährige wie ein älterer Bruder der Aktivisten vor der *Cumhuriyet*. Doch er ist ein Anhänger des *reis* (gesprochen: *re-is*), wie Erdoğan von seinen größten Fans bezeichnet wird. Man könnte das als »Oberhaupt« übersetzen. Oder als »Führer«.

Konca arbeitet für einen »islamischen Wohltätigkeitsverein«, für den er oft in Krisengebieten im Nahen Osten unterwegs war. In der Nacht des Putsches eilte er mit seinen Brüdern aus dem Armenviertel Ümraniye auf die Bosporusbrücke, um sich den Putschisten entgegenzustellen. Die Soldaten hatten schwere Maschinengewehre und Panzer; die Konca-Brüder hatten nichts weiter als ihre Handys, mit denen sie das Geschehen filmten.

Sechs Stunden Material des Grauens, aus dem Konca eine Viertelstunde für YouTube zusammengeschnitten hat. Der Rest soll in einen Dokumentarfilm einfließen. Man sieht die ungeheure Brutalität der Putschisten. Man sieht den Mut der Menschen, die sich friedlich dieser Gewalt entgegenstellen. Nur die Lynchszenen, zu denen es dort nach der Kapitulation der aufständischen Soldaten kam, sieht man nicht. Konca leugnet diese Vorfälle nicht. Er sagt aber auch: »Welche Gefühle hätten Sie gehabt, wenn neben Ihnen Ihr Bruder oder Ihr Vater getötet worden wäre?« Außerdem seien dagegen Leute eingeschritten. »Sehr konservative Männer, die Sie vermutlich Salafisten nennen würden.«

Irgendwann im Laufe der Nacht, erzählt Konca weiter, hätten sie geglaubt, dass sie ihren jüngsten Bruder verloren hätten. »Als Ältester von uns vieren habe ich meine

Mutter angerufen. Sie hat geantwortet: ›Ich will euch mit einem Märtyrermarsch bestatten.‹« Ob ihn das nicht befremdet hat? »Im Gegenteil, das hat uns ermutigt. Für uns gläubige Menschen ist das Martyrium die höchste Ehre, die uns in dieser Welt zuteil werden kann. Aber das war uns nicht vergönnt.« In dieser Nacht hätten sie »unser Vaterland, unseren Glauben und die Zukunft unserer Kinder verteidigt. Darum kann niemand von uns erwarten, dass wir mit den Verrätern Milde haben.« Ansonsten aber habe der Putschversuch das türkische Volk geeint.

Tatsächlich blitzte nach dieser Julinacht die Möglichkeit auf, dass die türkische Gesellschaft dieses schreckliche Ereignis zu etwas Gutem wenden würde. Nicht unmittelbar nach der blutigen Nacht. Da verfolgten viele Regimegegner misstrauisch oder gar verängstigt die abendlichen Kundgebungen von Regierungsanhängern auf den öffentlichen Plätzen im ganzen Land. Nur vier Tage nach dem Putschversuch erklärte Erdoğan auf ebenso martialische wie symbolträchtige Weise, dass nun auch der Gezi-Park abgerissen werde. Tags darauf wurde der Ausnahmezustand verhängt.

Dann schien sich das Blatt zu wenden: Alle vier Parteien des Parlaments verurteilten – für türkische Verhältnisse höchst bemerkenswert – in einer gemeinsamen Erklärung den Putschversuch. Anfang August sprachen Spitzenpolitiker aus Regierung und Opposition vor zwei Millionen Menschen auf dem Yenikapı-Platz in İstanbul – wenngleich größtenteils nur Anhänger der AKP an dieser Kundgebung teilnahmen und man die prokurdische HDP gar nicht erst eingeladen hatte. Eine weitere Geste: Erdoğan zog die meisten seiner über 2.000 Strafanzeigen wegen »Beleidigung des Staatspräsidenten« zurück, mit denen er das Land überzogen hatte und auf die man in Deutschland nach seiner Anzeige gegen den Comedian Jan Böhmermann aufmerksam geworden war.

Doch ob diese Phase nur eine taktische Finte war oder sich die Staatsführung anders entschied, jedenfalls wendete sich das Blatt schon bald erneut. Die Notstandsdekrete trafen mehr und mehr Leute, die nichts mit der Gülen-Organisation geschweige denn dem Putschversuch zu tun hatten: Lehrer, Professoren, Journalisten. Erst vereinzelt, dann scharenweise. Der befürchtete Gegenputsch.

Diese Entlassungen sind der Grund, weshalb sich an diesem Mittag vor dem altehrwürdigen Hauptgebäude der Universität İstanbul eine Menschenmenge versammelt hat. »Wenn die Putschisten erfolgreich gewesen wären, hätte es uns genauso getroffen wie jetzt«, sagt Erhan Keleşoğlu. Der 41-Jährige hat einst selbst hier studiert, ehe er 1999 Dozent für Internationale Beziehungen wurde. Am vorigen Sonntag wurde er mit der zweiten Entlassungswelle von Akademikern gekündigt. Dagegen protestieren ein paar Hundert Wissenschaftler und Studenten. Die Polizei ist stark präsent, greift aber nicht ein. »Wir gehen. Aber wir werden zurückkommen«, ruft ein Redner. Und an die Adresse der europäischen Regierungen: »Zur Hölle mit euren Sorgen!« Die »Sorgen«, die westliche Politiker gebetsmühlenhaft äußern, sorgen hier nur noch für Verbitterung oder für Spott.

So kämpferisch die Reden ausfallen, so emotional wird es hinterher: Umarmungen, Tränen, Erinnerungsfotos. Auch Keleşoğlu ist nach dem Abschied gerührt. »Es ist nicht so, dass mir der Rest der Welt egal wäre«, erläutert er nach einer Atempause. »Ich hoffe auf die Solidarität der internationalen Wissenschaft. Aber ich erwarte nichts von Angela Merkel. Europa hat sich mit diesem schmutzigen Flüchtlingspakt zum Verbündeten dieses autoritären Regimes gemacht.«

Und wie geht es für ihn weiter? Will er ins Ausland? Immerhin hatte er bereits Lehraufträge in Kalifornien, in London und in Amman. »Selbst wenn ich gehen wollte – die haben mir meinen Reisepass entzogen«, erzählt er. Weil er aus dem Staatsdienst entlassen wurde, darf ihn auch keine private Universität einstellen. Und klagen kann er auch nicht, weil die Notstandsverordnungen keinen Rechtsweg vorsehen. »Sie stehlen mir meine Rechte, und sie nehmen mir meinen Beruf«, sagt Keleşoğlu. »Sie wollen meinen bürgerlichen Tod. Aber gut, dann werde ich eben Zitronen verkaufen.«

Glauben die Oppositionellen wirklich daran, dass sie eines Tages in ihr altes Leben zurückkehren können? Die Dozentin Gonca Yıldız hat daran ihre Zweifel. »Wir sagen das so, weil wir keine Schwäche zeigen wollen«, sagt die Enddreißigerin, die weder ihren wirklichen Namen noch ihr Fach gedruckt sehen will. »Aber mir kommt das alles so sinnlos vor. Wir hätten heute ein paar Zehntausend sein müssen und waren nur ein paar Hundert. Die Leute sind verängstigt oder resigniert oder beides.« Yıldız unterrichtet an einer der staatlichen Eliteuniversitäten, die bisher von Säuberungen verschont geblieben ist.

Traditionell waren Einrichtungen wie die Boğaziçi-Universität in İstanbul oder die Technische Universität in Ankara international und liberal orientiert und zugleich Hochburgen linken Protests. Damit, glaubt Yıldız, wird es bald vorbei sein. Ein erster Schritt: Zusammen mit den letzten Entlassungen wurde die universitätsinterne Wahl der Hochschulpräsidenten abgeschafft. Künftig wird Erdoğan sie ohne vorausgehende Wahl ernennen. Und auch diese Notstandsverordnung dürfte vom Parlament abgenickt werden und den Ausnahmezustand überdauern.

Traf die erste Entlassungswelle vor allem mutmaßlich Gülen-nahe Dozenten, werden nun auch linke und liberale Wissenschaftler verfolgt. »Fast alle Kollegen denken darüber nach, ins Ausland zu gehen, solange sie es noch können«, sagt Yıldız. Sie auch? Immerhin hat sie an einer berühmten US-Universität promoviert. »Schon. Aber das ist leicht gesagt. Und es ist ja nicht so, dass die Universitäten in aller Welt auf Tausende Wissenschaftler aus der Türkei nur warten würden.«

Insgesamt 3.613 Wissenschaftler wurden in den vergangenen drei Monaten entlassen. Fast zehnmal so hoch ist die Zahl der Lehrer – die vorläufig suspendierten Pädagogen nicht mitgezählt. Am stärksten betroffen: die kurdische Provinz Diyarbakır, wo es rund 4.500 Lehrer getroffen hat, knapp ein Viertel des Schulpersonals. Fast alle sind Mitglieder der linken Bildungsgewerkschaft Eğitim-Sen.

Zum Beispiel die 43-jährige Biologielehrerin Songül Can und der 52-jährige Grundschullehrer Mehmet Şahin. Auch sie können keine Rechtsmittel einlegen. Und auch bei ihnen hat man sich keine Mühe gemacht, so etwas wie individuelles Vergehen nachzuweisen. Es reicht, dass man der falschen Gewerkschaft angehört.

An einer Wand im Gewerkschaftsbüro in Diyarbakır hängen Porträts von 22 Lehrern, die Ende der Achtziger- oder Anfang der Neunzigerjahre von Todesschwadronen oder Sicherheitskräften getötet wurden. Can und Şahin haben in jener Zeit, als der Krieg auf beiden Seiten mit großer Brutalität geführt wurde, hier studiert. »Als ich mich um eine Lehrerstelle bewarb, wurde ich abgelehnt, weil ich auf einer Demonstration festgenommen worden war«, erzählt Şahin. »Aber ich habe dagegen geklagt und gewonnen.« Danach sei nie auch nur ein Disziplinarverfahren gegen ihn eröffnet worden, obwohl er sich weiterhin politisch betätigt habe. »In den Neunzigerjahren war die Gewalt offener. Aber wir hatten es nicht mit einer Regierung zu tun, die Kläger und Richter in einem ist.«

Um die Lücken an den Schulen zu schließen, wurden überall Ersatzkräfte mit befristeten Arbeitsverträgen ausgestattet, teils aus dem 360.000 Menschen umfassenden Heer ausgebildeter Lehrer ohne Anstellung, teils mit Leuten ganz ohne Lehrerausbildung. »An meinem alten Berufsgymnasium geben nun fachfremde Lehrer den berufsspezifischen Unterricht. Und ein ehemaliger Schüler hat mir erzählt, dass ihr neuer Englischlehrer in der ersten Stunde gesagt habe: ›Kinder, könnt ihr mir helfen, mein Englisch ist nicht so gut.‹ Der Mann hat zwei Jahre Rechnungswesen studiert.«

Aber der AKP-Regierung, meint Can, sei die Qualität der Ausbildung nicht so wichtig. Schließlich erkläre Erdoğan seit Jahren, dass er eine »religiöse und rachsüchtige Generation« erziehen wolle. Die Lehrbücher seien immer religiöser geworden, nun nutze Erdoğan die Gelegenheit zur großen »Säuberung« von kritischen Lehrern.

In diesen Tagen herrscht in Diyarbakır eine angespannte Stimmung. Kurz zuvor waren die Oberbürgermeister Gültan Kışanak und Fırat Anlı festgenommen worden. Am Montag kommen sie in Untersuchungshaft, am Mittwoch wird bekannt, dass sie des Amtes enthoben und durch Zwangsverwalter ersetzt werden – so, wie bereits in 28 weiteren kurdischen Gemeinden geschehen.

Tagelang verkehren keine öffentlichen Busse, der Müll auf den Straßen wird nicht abgeholt, wofür sich beide Seiten gegenseitig die Schuld zuweisen. Und in elf kurdischen Provinzen wird das Internet beinahe komplett abgestellt, die Polizei löst Proteste mit Wasserwerfern auf. Doch viele Menschen sind auch hier nicht auf der Straße.

»Die Leute haben Angst«, sagt der Vorsitzende der örtlichen Anwaltskammer, Ahmet Özmen. Der Mittdreißiger ist Nachfolger von Tahir Elçi, der im November 2015 im Altstadtbezirk Sur von Unbekannten erschossen wurde. Danach eskalierten die Kämpfe zwischen PKK-Militanten und Sicherheitskräften. Mitte März wurde die Altstadt verstaatlicht und ganze Häuserblocks abgerissen. Die Gegend, in der Elçi ermordet wurde, ist noch immer abgesperrt.

»Dieser Mord war eine Zäsur«, sagt Özmen. »Viele dachten: Wenn es sogar einen berühmten Rechtsanwalt und unabhängigen Kämpfer für die Menschenrechte treffen kann, dann kann alles passieren.« Elçi hatte Dutzende von Verfahren vor den Europäischen Gerichtshof für Menschenrechte getragen, von Folteropfern oder Menschen, deren Dörfer in den Neunzigerjahren von der Armee zerstört worden waren. Nun bereiten sich Özmen und seine Mitstreiter darauf vor, die entlassenen Beamten in Straßburg zu vertreten.

In der Nacht auf Freitag folgt dann das, was mit der bereits im Mai beschlossenen Aufhebung der parlamentarischen Immunität rechtlich möglich geworden war und sich in den vergangenen Wochen mit der Verhaftung Dutzender kurdischer Lokalpolitiker angekündigt hatte: die Festnahme von 13 Abgeordneten der HDP, der drittgrößten Fraktion des Parlaments. Nach der Aktion gegen die

Cumhuriyet der zweite große Schlag gegen die Opposition binnen einer Woche.

Noch in derselben Nacht macht über die sozialen Medien ein offenbar in der Wohnung der Co-Parteivorsitzenden Figen Yüksekdağ in Ankara entstandenes Handyvideo die Runde. Darin hört man zunächst, wie Polizisten die Wohnungstür aufzubrechen versuchen. Dann ruft jemand, vermutlich Yüksekdağs Ehemann, dass ein Rechtsanwalt unterwegs sei und die Beamten kurz warten sollen. Der Appell verhallt ungehört. Kurz darauf ist die Wohnungstür aufgebrochen und die Polizei in den Wohnungsflur eingedrungen, wo es zu folgendem lautstarken Wortwechsel zwischen der Politikerin und einem Polizisten kommt: »Was dringen Sie hier wie Banditen ein?« – »Ich habe einen Befehl der Staatsanwaltschaft.« – »Sie sind ein Bandit und Ihr Staatsanwalt auch!«

Nach der richterlichen Haftprüfung am nächsten Tag kommen drei der Festgenommenen auf freien Fuß. Figen Yüksekdağ, der smarte Co-Parteichef Selahattin Demirtaş und acht weitere Abgeordnete hingegen müssen ins Gefängnis. Doch obwohl die Demokratiepartei der Völker in den kurdischen Gebieten die mit Abstand stärkste Partei ist und mancherorts Ergebnisse von bis zu 80, 90 Prozent geholt hat, blieb es auf den Straßen von Diyarbakır, Van oder Mardin selbst nach diesen Verhaftungen relativ ruhig.

Womöglich wären die Proteste größer ausgefallen, wenn nicht wenige Stunden nach den Festnahmen eine Autobombe vor dem Polizeipräsidium von Diyarbakır explodiert wäre. Elf Tote, zwei Polizisten und neun Zivilisten. Die Regierung erklärte, dass sich die PKK dazu bekannt habe. Die hat schon oft solche Anschläge verübt.

Doch von der ist bislang nichts zu hören, weder Bekennerschreiben noch Dementi. Dafür meldet am Abend die Nachrichtenagentur *Reuters,* dass sich die Terrororganisation Islamischer Staat dazu bekannt habe. Es wäre nicht das erste Mal, dass die Regierung einen Anschlag instrumentalisieren würde. Dann behauptet der wieder freigelassene Abgeordnete Ziya Pir, dass das eigentliche Ziel die festgenommenen HDP-Politiker gewesen seien. Die Parteichefin Yüksekdağ und der prominente Abgeordnete Sırrı Süreyya Önder seien während des Anschlags im Gebäude gewesen und hätten nur knapp überlebt.

Wie fast immer berichten nur die wenigsten türkischen Medien über die widersprüchliche Lage. Auch die Medien der Doğan-Gruppe (u.a. *Hürriyet,* CNN-Türk) folgen der Darstellung der Regierung, ohne groß Fragen zu stellen. Das große Medienhaus, im vergangenen Jahr noch deutlich auf Distanz zu Erdoğan, ist vorsichtiger geworden. Von »Feigheit« sprechen ehemalige leitende Mitarbeiter. Die Berichterstattung der halb kontrollierten, halb eingeschüchterten Massenmedien trägt vermutlich dazu bei, dass sich derzeit kaum öffentlich Widerspruch regt, zumal die weitaus meisten Bürger die vorgeblichen Ziele der Regierung, nämlich den Terror zu bekämpfen und die Beteiligten des Putschversuchs zur Rechenschaft zu ziehen, teilen.

Doch anders als im Westen des Landes sind in den kurdischen Gebieten nicht nur Angst, Resignation und womöglich Desinformation ursächlich für diese Passivität. Wer sich in Diyarbakır umhört, merkt, dass viele der PKK den Städtekrieg nachtragen und der HDP Vorwürfe machen – manche, weil sie die PKK nicht aufgehalten habe, andere, weil sie dem Staat nichts habe entgegensetzen können. So trifft die Wut auf die Militanten und auf den Staat ausgerechnet jene, die vor anderthalb Jahren so hoffnungsvoll für eine friedliche Lösung des Konflikts angetreten waren.

Und so hat Erdoğan leichtes Spiel bei dieser Opposition. Die HDP wurde – auch aus eigenem Verschulden – zwischen den Fronten zerrieben. Und die kemalistisch-sozialdemokratische CHP schwankt zwischen einer harten Oppositionspolitik und einer Zurückhaltung, die sich aus der Hoffnung speist, dass die Regierung auf die Opposition zugehen und sich die Situation entspannen könnte.

Aber wo soll das alles hinführen? »Mit dieser Strategie der Spannung will Erdoğan das Referendum gewinnen«, sagt der CHP-Abgeordnete Barış Yarkadaş. Darauf habe er sich mit dem Chef der ultranationalistischen MHP geeinigt. Daher die harte Linie gegen die Kurden, die Forderung nach der Todesstrafe oder das Gerede über eine Rückeroberung von Mossul und der ostägäischen Inseln.

Und wenn Erdoğan sein Präsidialsystem bekommt? »Auch dann wird es keine Entspannung geben«, glaubt *Cumhuriyet*-Journalist Ahmet Şık. »Nach der *Cumhuriyet* wird es die letzten verbliebenen Medien treffen, nach der HDP womöglich die CHP. Erdoğan weiß: Wenn er lockerlässt und am Ende seine Herrschaft verliert, erwartet ihn kein ruhiger Lebensabend. Dann wird er sich verantworten müssen.«

Fürs Erste jedoch werden sich Şıks Kollegen verantworten müssen. Hikmet Çetinkaya und Aydın Engin wurden aus Altersgründen freigelassen. Gegen neun *Cumhuriyet*-Mitarbeiter jedoch ergingen am Samstagmorgen Haftbefehle. Bis zu einem Referendum im Frühjahr ist es noch lang. Es kann jederzeit alles passieren.

Korrespondent müsste man jetzt sein
Texte aus der Haft

Wir sind ja nicht zum Spaß hier

Vorbemerkung, September 2017
An erster Stelle kommt das Rauchverbot. Das war das Schlimmste an den 13 Tagen, die ich in einer Zelle im Polizeipräsidium İstanbul verbracht habe. Gleich dahinter aber, noch vor dem schlechten Essen und allen anderen Schikanen, folgte für mich das Verbot von Stift und Papier. Doch es durfte ihnen nicht gelingen, mich zum Schweigen zu bringen. Und es gab ja so viel zu erzählen ...

Nach ein paar Tagen begann ich zu experimentieren. Da Bücher erlaubt waren, nahm ich Oğuz Atays 720-Seiten-Roman *Die Haltlosen* als Papierersatz. Dazu versuchte ich es mit einer abgebrochenen Plastikgabel als Feder und der roten Soße der Essenskonserven als Tinte.

Doch weit kam ich damit nicht. Die Gabelspitze erlaubte kein filigranes Schreiben, auf eine Buchseite passten dadurch nur wenige Worte. Und die Soße war zwar dick genug, um die Druckbuchstaben zu überdecken, aber auch extrem fettig. Die Folge: viel zu lange Trocknungszeit. In diesem Tempo hätte ich eine halbe Ewigkeit gebraucht.

Ein paar Tage später ergab sich bei einem Arztbesuch ein unbeobachteter Moment: ein Stift direkt vor meiner

Nase! Ich griff sofort zu und schmuggelte den Kugelschreiber an der Leibesvisitation vorbei in meine Zelle.

Nur Papier hatte ich immer noch nicht. Aber ich hatte ein zweites Buch: *Der kleine Prinz*, türkische Ausgabe. Meine Dilek hatte sie den Anwälten mitgegeben. Ohne jeden Hintergedanken, außer vielleicht dem, uns beide an den großen Satz: »Du bist für deine Rose verantwortlich« zu erinnern.

Doch ich erkannte, welch wertvollen Dienst mir Antoine de Saint-Exupéry erwiesen hatte, indem er um seine Zeichnungen, aber auch um den Text herum so üppigen Weißraum ließ. Auf diesen freien Platz im Buch schrieb ich meinen Erfahrungsbericht aus der Polizeihaft. Bei schummrigem Licht, heimlich unter der Bettdecke.

Nach getaner Arbeit legte ich das Buch in die schmutzige Wäsche, die ich einem meiner Anwälte mitgab. Der Anwalt wusste selber nicht, was er da in der Tüte mit den benutzten Socken transportierte. Und erzählen konnte ich ihm das nicht, da wir bei unseren Gesprächen nicht wirklich unter vier Augen waren.

Hauptsache, *Der kleine Prinz* kam bei seinen Empfängern an: bei Dilek und bei meinem Freund und *Welt*-Kollegen Daniel-Dylan Böhmer. Sie tippten das Manuskript ab und kürzten es – teils aus Platzgründen (ich hatte mehr als zwei Zeitungsseiten geschrieben), teils aus Sicherheitsgründen.

So ausdrücklich ich im Manuskript meinen gegenteiligen Willen bekundet hatte, so sehr trafen Dilek, Daniel und die Anwälte vermutlich die richtige Entscheidung, als sie beschlossen, bei der Veröffentlichung die wahren Entstehungsumstände zu verschweigen. Schließlich befand ich mich noch in der Gewalt der türkischen Polizei, als dieser Bericht am 26. Februar 2017 in der *Welt am Sonntag* erschien.

Die türkische Geschichte kennt viel bedeutendere und unter sehr viel schwierigeren Umständen verfasste Kassiber. Das wohl bekannteste stammt vom langjährigen *Cumhuriyet*-Journalisten İlhan Selçuk. Nach dem Militärputsch vom März 1971 wurde er in ein inoffizielles Gefängnis verschleppt, in dem die Gefangenen systematisch gefoltert wurden. Zwar durften sie Briefe schreiben, doch diese wurden zensiert. Selçuk schmuggelte die Nachricht über die Folter an der Zensur vorbei – in einem Akrostichon, das er in einem unverfänglich klingenden Brief versteckt hatte.

İlhan Selçuk hatte damit die Folter besiegt. Und auch ich empfand im Moment der Übergabe nicht bloß ein Triumphgefühl. Sondern echtes, tiefes Glück. Wie es Nazım Hikmet in einem seiner vielen Gedichte aus der Haft geschrieben hatte: »Es geht nicht darum, gefangen zu sein / Sondern darum, sich nicht zu ergeben.«

***

Das Haftprotokoll
Bericht nach 9 Tagen Polizeihaft im Polizeipräsidium İstanbul, Vatanstraße, Aksaray. Der Korrespondent muss mal wieder was liefern. Wir sind ja nicht zum Spaß hier.

Polizeigewahrsam? Sachverhalt: Seit dem Ausnahmezustand werden in der Türkei Festnahmen oft als Bestrafungsinstrument benutzt. Immer wieder sitzen Leute bis zu 14 Tage (bis vor Kurzem: bis zu 30 Tage) und werden danach laufen gelassen. Darum »Polizeihaft«, nicht »Polizeigewahrsam«. Und manche Ex-Gefangene sagen,

LICHT: AUF DEM KORRIDOR BRENNT UNENTWEGT DASSELBE NEONLICHT. IN DEN ZELLEN IST ES STETS SCHUMMRIG: ZU HELL ZUM SCHLAFEN ZU DUNKEL ZUM LESEN.

GEHT ABER BEIDES IRGENDWIE.

Seite aus dem handschriftlichen Manuskript, das der Autor aus der Polizeihaft schmuggelte.

İşte sonradan başarabildiğim kadarıyla yaptığım portresi.

im Gewahrsam seien die Bedingungen härter als in vielen Gefängnissen.

Zellengröße: 2,10m x 3,5m. Ziemlich genau gemessen durch liegen. Höhe: 4m (geschätzt).

Zellenausstattung: 2 betthohe, dicke Matratzen, dazu eine flache auf dem Boden. Blaues Kunstleder, Turnmatten-Style. 4 Decken, kein Kissen. Drei Wände Beton, Frontseite komplett Stahlgitter. Wände graugelb, Gitter braun.

Belegung: 2–3 Leute. Manchmal auch 4, ist mir bislang aber nicht passiert. Ich immer zu zweit oder zu dritt, einmal allein.

Schreiben/Lesen: Bücher sind, sofern »politisch unbedenklich«, erlaubt. Stift und Notizblock sind verboten.

Essen: Morgens pappiges, kaltes Toastbrot mit Käse/Wurst. Mittags und abends Essen aus Konserven. Sieht immer gleich aus und schmeckt immer gleich elendig. Bohnen, Kichererbsen, Kartoffeln mit Fleisch. Das Schlimmste ist nicht mal der Geschmack, sondern der Geruch. Ich wärme die Konserven zwischen den Heizrohren der Heizung auf dem Korridor auf (so gut es geht).

Trinken: 3 x 0,5l-Wasserflaschen täglich. Wenn man nachfragt, auch mehr. Nie Kaffee oder Çay.

Außenwelt: Man hört ab und zu die Straßenbahn. Sonst keine Geräusche und kein Tageslicht.

Licht: Auf dem Korridor brennt unentwegt dasselbe Neonlicht. In den Zellen ist es stets schummrig. Zu hell zum Schlafen, zu dunkel zum Lesen. Geht aber beides, irgendwie.

Zeit: Meine Zelle ist genau gegenüber der einzigen Uhr auf dem Korridor. Mitgefangene fragen mich immer wieder nach der Uhrzeit. Ich frage mich, ob es gut oder schlecht ist zu sehen, wie langsam die Sekunden verstreichen. Es ist eine Fabrikuhr mit Sekundenzeiger, auf dem Zifferblatt eine türkische Fahne.

Luft: Miefig, stickig, stinkt nach Körpergerüchen. Die Polizisten sagen: »So leer wie in den letzten Tagen war es hier seit dem Putschversuch nicht mehr. Ihr hättet mal riechen sollen, als hier in jeder kleinen Zelle 5 Leute saßen.«

Kälte: Auch als es draußen noch kälter war, habe ich hier nicht gefroren. Ist gut beheizt.

Umgang: Noch vor 15, 20 Jahren war das hier eine Folteranstalt. Ich habe bislang keine Gewalt gesehen und von keiner gehört. Die Beamten, die den Trakt beaufsichtigen, sind manchmal etwas grob im Ton, aber nicht ausfallend oder beleidigend. Und im Rahmen der Vorschriften sind sie hilfsbereit, meistens jedenfalls. Kritisch sind manchmal die Krankenhaustransporte. Aber dafür ist die jeweils ermittelnde Polizeiabteilung zuständig.

Handschellen: Mir wurden auf dem Weg zur täglichen medizinischen Untersuchung noch keine Handschellen angelegt. Bei anderen passiert das schon. Soweit ich sehen kann, hängt das von der Abteilung ab und von der Größe der Gruppe, die zur Untersuchung transportiert wird.

Check-ups: Die meisten Gefangenen werden einmal am Tag zum medizinischen Check-up gebracht. Entweder zu Fuß in eine kleine Klinik unmittelbar am Gelände. Oder mit Auto bzw. Bus in eines der benachbarten Krankenhäuser. Ich wurde fast immer allein transportiert. Wichtig, weil das die einzigen Minuten frische Luft und Tageslicht sind.

Ärzte: Die wollen nicht mehr als pro forma das Fehlen von Folterspuren feststellen. Um jede Minute Aufmerksamkeit und jedes Medikament musste ich kämpfen. Das Gute: Bislang habe ich alle diese Kämpfe gewonnen.

Medikamente: Alles, selbst Vitaminpräparate, muss ärztlich verschrieben werden. Auf dem Rückweg besorgt ein Polizist die Medikamente, ich bezahle, zweimal am Tag ist Ausgabe.

Mein Zustand: Mir geht es ganz gut. Für die gesundheitlichen Probleme (Magen-Darm) bekomme ich die erkämpften Medikamente. Aber wenn ich nicht seit 9 Tagen hier eingesperrt wäre, hätte ich diese Probleme nicht.

Toiletten: Vier Toiletten für bis zu 70 Gefangene auf dem Korridor. Fünfmal am Tag ist Klo-Gang, meistens zwei, drei Zellen auf einmal. Wenn man bittet und der Polizist Lust hat, kann man auch zwischendurch. Erst kommen immer die Frauen, die am Anfang des Korridors sitzen. Es gibt Wasser, aber kein Klopapier.

Duschen: Auf meinem Korridor gibt es eigentlich vier Duschen, wie ich einmal per Zufall gesehen habe. Aber dieser Raum ist verschlossen. Auf der Toilette im anderen Korridor ist in einer Kabine eine Dusche. Das warme Wasser reicht nur circa 10 Minuten. Der Duschkopf ist defekt, sodass die Sachen, die man über die Tür hängen muss, nass werden. Absoluter Badelatschenzwang. Ergebnis bei 1 Dusche für 150 Leute: Ich habe in 9 Tagen zweimal geduscht. Standardantwort, wenn man solche Themen anspricht: »Das ist kein Hotel.« Ach nee, und ich dachte schon …

Sauberkeit: Tagsüber ist hier ein älterer Herr, den alle *dayı* (»Onkel«) nennen. Er verteilt mit einem Einkaufswagen das Essen, bringt den Müll weg und kehrt die Korridore. Dass er die Toiletten putzt, glauben wir nicht. Die 3 Waschbecken hat jeden Morgen ein festgenommener, pensionierter Polizist geputzt. Der ist jetzt weg. Einmal in 9 Tagen hat Onkel das Innere der Zelle gekehrt. Und ich hatte Glück: Als ich ankam, waren die 4 Decken in der Zelle noch leicht feucht, weil frisch gewaschen. Danach wurden keine Decken mehr gewechselt. Wer neu kommt, nimmt die benutzte Decke des Vorbesitzers. Logisch. Ist ja kein Hotel hier.

Rauchen: Verboten. Nach 9 Tagen für mich immer noch das Schlimmste.

Extras: Dreimal sind wir mit einem Auto in ein Krankenhaus in der Nähe gefahren. Die Polizisten haben geraucht und ich mit ihnen. (Danke dafür!) Und ich nehme jetzt ein Vitaminpräparat, das ich mir beim Arzt erkämpft habe.

Respekt: Das Folgende sage ich, weil es für einen ausländischen Journalisten auch anders ausgehen könnte: Alle Mitgefangenen zeigen mir viel Respekt. Für die wenigen, die älter oder etwa so alt sind wie ich (43), bin ich Deniz Bey, für die jüngeren Deniz Abi.

Zellen-Ağa: Mein Anwalt spottet schon, ich sei ein *koguş ağa* geworden, eine aus der Zeit der großen Gemeinschaftszellen in den Gefängnissen bekannte Figur des Zellenhäuptlings. Jedenfalls habe ich das wichtigste Utensil eines Zellen-Ağa: einen kleinen Rosenkranz zum Spielen. Gebastelt aus feuchten Papiertaschentüchern, weil echte Rosenkränze nicht erlaubt sind.

Spiegel: Spiegel gibt es nicht. Neulich beim Arzt habe ich in den Spiegel geschaut: Ziemlich grau. Liegt vielleicht auch am Bart. Mein voriger Zellengenosse sagte: »Du siehst aus wie Karl Marx.« Der für den Trakt verantwortliche Polizist (Mitte 30, groß, kräftig, laut) sagt: »Karl Marx hatte recht. Die Leute sind verrückt nach Geld.« Und er sagt: »Schreib' was Nettes über uns. Nicht, dass du hieraus ein *Midnight Express* machst.« (In der Türkei sehr bekannter, aber unbeliebter US-Film über den türkischen Knast.) Soweit er kann, versucht der Chef, mir gegenüber hilfsbereit zu sein. Und je länger ich hier sitze, umso netter werden alle zu mir. Und ich werde auch nett.

Besuche: Außer Anwaltsbesuchen kein Kontakt erlaubt. Anwalt kann kommen, so oft er will. Anwaltsbesuch müsste rechtlich hinter verschlossener Tür ablaufen. Aber Tür bleibt meistens offen. Draußen wartet ein Polizist. Nach ca. 20 Minuten fordert er, dass wir zum Ende kommen.

Post: Noch wertvoller als die paar Minuten frische Luft auf dem Weg zum Arzt sind die Anwaltsbesuche. Anwalt bedeutet: frische Socken, Handtücher und vor allem Post von draußen! Der Anwalt bringt mir Nachrichten aus meiner Redaktion, Grüße von meiner geliebten Dilek und von meinen Freunden und Zeitungsartikel. In die Zelle mitnehmen darf ich die Ausdrucke nicht, nur im Anwaltsraum lesen. Das meiste kann ich nur überfliegen, weil die Zeit knapp ist. Und weil mich das alles so sehr rührt, dass mir die Tränen hochsteigen. Das darf einem hier eigentlich nicht passieren. Aber das tut so gut. So unglaublich gut zu wissen, dass ich hier nicht allein bin und vergessen werde.

Danke: Ich danke von ganzem Herzen allen, die sich, wo und wie auch immer, für mich und meine inhaftierten Kollegen einsetzen.

#FreeDeniz
#FreeAllJournalists
#DankeDafür
Danke, Danke, Danke!

Teşekkürler: İlgilenen, duyarlı olan herkese candan yürekten teşekkürler. Vatan Caddesi'nden sevgiler, selamlar.

Korso: Und ganz großes Danke für #FreeDeniz-Autokorso. Beste Solidarität wo gibt. Tröööt!

Besonderer Dank: Eigentlich sind es so viele, dass ich niemanden hervorheben kann. Muss ich aber: Mein besonderer Dank an meine Dilek und meinen Kollegen Daniel-Dylan Böhmer. Ich werde euch das nie vergessen. Außerdem: Dank an meine Zeitung, *Die Welt*, an meinen Verlag, den Axel-Springer-Verlag, und an meine alte Zeitung, die *taz,* und meine ganz alte Wochenzeitung, die *Jungle World*. Und ich danke der Bundesregierung für ihre Bemühungen. Und Dank an meine Schwester İlkay Yücel, an Özlem Topçu, Doris Akrap, İmran Ayata, Ulf Poschardt, Sascha Lehnartz und Özcan Mutlu.

Schluss: Als Nazmi, der Makler, mit dem ich vier Tage die Zelle geteilt habe, am Mittwoch ging, hat er das Etikett einer Wasserflasche von innen ans Zellengitter geklebt. »Eine Erinnerung«, sagte er dabei. 24 Stunden danach ist das Etikett abgefallen. Dieser Ort hat keine Erinnerung. Alle, die ich hier kennengelernt habe – kurdische Aktivisten, Makler, Katasterbeamte, festgenommene Richter und Polizisten, Gangster –, alle haben mir gesagt: »Du musst das aufschreiben, Deniz Abi.« Ich habe gesagt: »Logisch, mach ich. Ist schließlich mein Job. Wir sind ja nicht zum Spaß hier.«

»Damit wir nicht die Wolken berühren«

Die Türkei ist ja bekanntlich das Land mit der freiesten Presse wo gibt. Und da hier 1-A-Meinungsfreiheit herrscht, meint nicht nur der Chef, sondern meinen auch der Hünz und der Künz, alle naselang ihre Meinung zu meinem Fall sagen zu müssen. Der türkische Botschafter beim Vatikan zum Beispiel. Der meinte neulich: »Nicht einmal der Papst kann Deniz Yücel befreien.« Schade, hatte ich mich doch darauf verlassen, dass der Papst eine Bulle oder eine Fatwa für meine Freilassung verkünden und wenn auch nicht persönlich kommen, so doch zumindest das Papamobil vorbeischicken würde. Zwar habe ich klargestellt, dass ich nicht mehr und nicht weniger als einen fairen Prozess verlange. Aber mit dem Papamobil abgeholt und nach Hause gefahren zu werden – doch, das hätte mir gefallen.

So aber muss ich davon ausgehen, dass ich noch eine Weile in meiner Einzelzelle verbringen werde. Drei mal vier Meter inklusive abgetrennter Dusche und Toilette. Einmal pro Woche darf ich Besuch empfangen. Nur die engsten Angehörigen, eine Stunde hinter Trennscheibe. Mit dem Ausnahmezustand wurden bei allen »Terrorhäftlingen« (logisch, es gibt hier keine politischen Gefangenen) die Besuche ohne Trennscheibe von monatlich auf zweimonatlich und die zehnminütigen Telefongespräche von wöchentlich auf zweiwöchentlich gekürzt.

Ab und zu, und dafür bin ich ihnen sehr dankbar, besuchen mich Abgeordnete der sozialdemokratischen Oppositionspartei CHP. Politiker der regierenden AKP könnten kommen, wollen aber nicht; wohingegen Abgeordnete der prokurdischen HDP keine Besuchserlaubnis erhalten (wenn sie in den Knast kommen, dann per One-Way-Ticket). Außerdem durfte mich vorige Woche Georg Birgelen, der deutsche Generalkonsul in İstanbul (beste Generalkonsul wo gibt!), zum zweiten Mal sprechen. Und würden meine wundervollen Anwälte nicht dreimal pro Woche die 80 Kilometer aus der Stadtmitte hierher rausfahren, ich würde ganz kirre werden.

Anders als bei allen Häftlingen, die in Verbindung mit der Gülen-Organisation gebracht werden – darunter absurderweise inzwischen 13 Kollegen von der *Cumhuriyet* –, sitzt bei mir weder ein Aufseher am Tisch, wenn ich mit meinen Anwälten spreche, noch gibt es Videokameras, Tonaufzeichnungen oder eine zeitliche Befristung. Dafür bin ich unter den mehr als 150 inhaftierten Journalisten und Medienmanagern einer der wenigen in Einzelhaft.

Der einzige Mensch, mit dem ich mich außerhalb der Besuche unterhalten kann, ist der frühere Richter nebenan, der seit zehn Monaten auf seine Anklageschrift wartet. Manchmal brüllen wir von Hof zu Hof, ohne uns je zu sehen. Durch den daumenbreiten Schlitz unter der Zellentür kann ich mich auch mit anderen in meiner Reihe verständigen. Doch dabei muss man noch lauter brüllen – und sich so tief bücken, dass man fast den Fußboden küsst.

Morgens wird die Hintertür meiner Zelle, die sich zum Hof öffnet, auf- und abends wieder abgeschlossen. Der komplett zubetonierte Hof, den sie hier – ob zum Spott oder aus Unbedachtheit – »Garten« nennen, ist geringfügig größer als die Zelle und von etwa acht Meter hohen Mauern umgeben. Diese sind mit Stacheldraht gekrönt, zudem ist über den gesamten Hof ein Maschendrahtzaun gespannt. »Wohl damit wir nicht die Wolken berühren«, wie es Musa Kart, der eingesperrte Karikaturist der *Cumhuriyet*, einmal so schön formuliert hat.

Während in den ersten Wochen kein Sonnenstrahl in meinen Hof fiel, kann ich die Sonne nun für zwei, drei Stunden sehen. Vor Kurzem begann ein Spatzenpaar, im Hof sein Nest zu bauen. Seither erfreue ich mich des Gezwitschers, das diesen trostlosen Flecken aus Beton, Draht und Stahl ein wenig belebt, und staune, wie viel Mist dabei abfällt. Und ich weiß jetzt, wie unterschätzt so ein Spatzenhirn doch ist. Denn welcher Brutplatz könnte sicherer sein als ein Hochsicherheitsgefängnis?

Mit dem Ausnahmezustand waren in sämtlichen türkischen Gefängnissen alle sportlichen und sozialen Aktivitäten gestrichen worden. Also nur für Journalisten und ähnliche Schwerverbrecher, nicht für harmlose Mörder und ehrbare Vergewaltiger. Doch vergangene Woche passierte etwas. Zum ersten Mal wurde ich in den Innenhof mit dem knasteigenen Sportplatz geführt.

Kaum dass sich die Stahltür geöffnet hatte, war ich überwältigt. Die laute Musik (Türkpop natürlich) des Staatsradios, die aus den Lautsprechern dröhnte. Das satte Grün des Kunstrasens. Die Weite. Eigentlich nicht sonderlich groß. Aber ich hatte mich daran gewöhnt, alle vier, fünf Schritte an eine Mauer zu stoßen, sodass mir dieser Platz riesig vorkam.

Noch ganz benommen lief ich ein paar Runden, bis ich begriff, woher dieses berauschende Gefühl kam: Es war der Himmel! Ein strahlend blauer Himmel in der Maisonne. Ohne Zaun! Eine ähnliche Aussicht hatte ich zuletzt nur bei einigen Transporten ins Krankenhaus (nichts Schlimmes). Doch bei diesen Transporten wurden mir Handschellen angelegt. Und die Erfahrung sagt: Freier Himmel in Handschellen ist Murks.

Jetzt aber gab es freien Himmel ohne Handschellen. Ich legte mich, die Arme und Beine weit ausgestreckt, in die Mitte des Kunstrasens. Mal blickte ich gedankenlos in den Himmel, mal schloss ich die Augen und bildete mir ein, Dilek läge neben mir; mal kam mir das Gedicht des großen Nazım Hikmet in den Sinn, worin er das Gefühl beschrieb, nach ich weiß nicht wie vielen Tagen im Kerker nach draußen geführt zu werden: das Staunen darüber, wie blau und unendlich der Himmel doch ist, die Überwältigung, die Hingabe an diesen Augenblick. Dass die türkische Literatur des 20. Jahrhunderts voll ist mit dem Thema Gefängnis, zeigt übrigens, wie es früher war: auch scheiße.

Die andere Neuerung: Während ich zunächst gar keine Post bekam, händigte mir die »Brief-Lese-Kommission« (nebenbei: geiler Job) kürzlich ein paar Briefe aus – gerade so viele, dass ich nicht länger sagen kann, es herrsche eine ebenso totale wie rechtswidrige Briefsperre.

Aus meiner Redaktion höre ich, dass Sie, liebe Leserinnen und Leser, sich danach erkundigen, was Sie für mich tun können. Ich danke Ihnen sehr für Ihre Anteilnahme und bin so frei, Ihnen direkt zu antworten. Nun, Sie können mir schreiben. Früher oder später werde ich alles lesen.

Und noch etwas können Sie tun: Sie können eine der verbliebenen und in jeder Hinsicht bedrängten unabhängigen Medien in der Türkei unterstützen. Um die digitalen Ausgaben der *Cumhuriyet*, der *Birgün*, der *Evrensel* oder einer anderen unabhängigen Zeitung zu abonnieren, muss man nicht hier leben. Und um für ein paar Euro einen Beitrag zur Pressefreiheit in diesem Land zu leisten, muss man nicht Türkisch können. Das ist ein bisschen so wie mit dem Vermerk in Traueranzeigen: »Anstelle von Blumen bitten wir um Spenden an Brot für die Welt.« Aber ich meine das ernst, und wenn Sie das gleich mit ein paar Klicks erledigen, würden Sie mich glücklich machen.

Schon jetzt bin ich allen zutiefst dankbar, die sich, in welcher Form und Funktion auch immer, für mich und meine eingesperrten Kollegen einsetzen.

Doch mein allergrößter Dank gilt Dilek. Meiner Dilek. Wir haben, Sie werden es vielleicht gelesen haben, im Gefängnis geheiratet – das mit Abstand wichtigste Ereignis der vergangenen hundert Tage meines Lebens, bei dem ich nur eines vermisst habe: die Formel »In guten wie in schlechten Tagen«. Nur zu gerne hätte ich erwidert: »Na, siehste doch!«

Denn ohne meine Frau hätte ich das alles gewiss nicht so leicht überstanden. Und ich weiß: Eines Tages wird sich dieses Gefängnistor öffnen und draußen wird, nein, nicht das Papamobil, ganz sicher aber Dilek warten, um mich an der Hand zu nehmen. Und an jedem Abend, wenn sich der Himmel über dem Drahtzaun rosa einfärbt und die Wärter kommen, um meine Hoftür abzuschließen, weiß ich, dass dieser Moment wieder um einen Tag näher gerückt ist. Und so sehe ich das heutige Jubiläum: Es sind schon hundert Tage weniger, die mich von meiner Freiheit und von meiner Dilek trennen.

Korrespondent müsste man jetzt sein

Türkei-Korrespondent müsste man jetzt sein. Womöglich müsste man den nach der Verfassungsabstimmung und dem »Gerechtigkeitsmarsch« des Oppositionsführers Kemal Kılıçdaroğlu wohlverdienten Urlaub abbrechen, aber das wäre es wert. Man dürfte, ja müsste die Zeitung oder den Sender vollklatschen mit Berichten, Analysen und Kommentaren.

Man müsste erläutern, warum es der türkischen Wirtschaft nicht halb so gut geht, wie die teils aufgeblähte, teils erschummelte amtliche Wachstumszahl von fünf Prozent vielleicht vermuten lässt. Zugleich müsste man erörtern, welche der Maßnahmen, die nun im Raum stehen, sachdienlich sind (Antwort: fast alle, dazu das Thema Kredite) und welche nicht (Antwort: Abbruch der Beitrittsverhandlungen mit der EU, denn das ist genau das, was die türkische Staatsführung möchte, aber aus Rücksicht auf internationale Investoren nicht selber herbeiführen will).

Natürlich müsste man die Reaktionen der türkischen Seite betrachten, und zwar nicht auf Grundlage der gekürzten englischsprachigen Übersetzungen, die Nachrichtenagenturen wie *Anadolu* oder *Reuters* liefern, sondern anhand des vollständigen Originalwortlautes. Man müsste herausarbeiten, dass diese Reaktionen viel verhaltener ausfallen als das Nazi-Hitler-Getöse vom Frühjahr.

Insbesondere müsste man auf die Beteuerungen eingehen, dass der Bericht der *Zeit* über Ermittlungen gegen deutsche Unternehmen nicht stimme und die deutschen Firmen in der Türkei geschützt seien. Nicht übersehen dürfte man dabei die Bemerkung des türkischen Wirtschaftsministers Nihat Zeybekci, wonach die Ankündigungen der Bundesregierung nur heiße Luft seien, weil in einer liberalen Wirtschaftsordnung keine Regierung den Unternehmen vorschreiben könne, in welchem Land sie investierten.

Genau diese Frage müsste man an die deutsche Wirtschaft weiterreichen. Zum Beispiel könnte man in der Konzernzentrale von Bosch nachfragen, warum der für die Türkei zuständige Bosch-Manager just an dem Tag, an dem Bundesaußenminister Sigmar Gabriel in Berlin vor die Presse trat, erklärte, sein Unternehmen werde an den für dieses Jahr geplanten Investitionen in Höhe von etwa 600 Millionen Euro festhalten, und behauptete, in der Türkei sei alles prima, wofür er natürlich von den türkischen Regierungsmedien gefeiert wurde.

Bei dieser Gelegenheit könnte man eruieren, ob die Pressemeldungen zutreffen, wonach in der türkischen Niederlassung von Bosch 25 Mitarbeiter entlassen worden seien, weil sie sich einer Gewerkschaft angeschlossen hätten. Man könnte die Konzernführung fragen, ob sie unter idealen Investitionsbedingungen die Friedhofsruhe einer Diktatur versteht und ob sie sich nicht wenigstens ein bisschen schämt.

Natürlich müsste man diese Frage auch anderen Unternehmen stellen und dabei daran erinnern, dass sich Staatspräsident Tayyip Erdoğan neulich vor einem Verein für Außenhandel damit rühmte, dass die Regierung den Ausnahmezustand dazu nutze, Streiks und Arbeitsniederlegungen zu unterbinden – obwohl gemäß der türkischen Verfassung Notstandsdekrete nur im Zusammenhang mit jenen Dingen verkündet werden dürfen, die zur Ausrufung des Ausnahmezustands geführt haben.

Gerne würde man von der deutschen Wirtschaft wissen, ob sie diese Erklärung des türkischen Staatspräsidenten als einladend oder als abschreckend empfindet – und was die Bundesregierung dazu sagt.

Selbstverständlich müsste man sich auch der Kritik der türkischen Regierung an Deutschland annehmen. So könnte man recherchieren, was es mit den Unterlagen von 4.500 »Terrorverdächtigen« auf sich hat, welche die türkische Seite den deutschen Behörden übergeben haben will und wer genau diese Leute sind, deren Auslieferung sie fordert. Dabei könnte man versuchen herauszufinden, ob der Vorwurf stimmt, dass Zekeriya Öz und andere frühere Sonderstaatsanwälte in Deutschland Unterschlupf gefunden haben – und zwar nicht im Rahmen eines regulären Asylverfahrens, sondern im Zuge einer nachrichtendienstlichen Operation.

Wenn sich dieser Vorwurf erhärten ließe, müsste man die Bundesregierung fragen, was sie sich davon verspricht, diesen Leuten, also ausgewiesenen Kadern der Gülen-Organisation, zu helfen, die einst im Einvernehmen mit der AKP-Regierung das Militär und die Justiz von säkularen Regierungsgegnern gesäubert und entscheidende Vorarbeit für den blutigen Putschversuch vom 15. Juli vergangenen Jahres geleistet haben.

Man müsste die Anklageschriften gegen die Beteiligten des Putschversuches betrachten und würde dabei feststellen, dass türkische Anklagebehörden auch heute noch nicht in jedem Fall politisch motivierte Produkte von Paranoia und Halluzinationen vorlegen, sondern zuweilen seriöse und stichhaltige Anklageschriften zu formulieren imstande sind. Man müsste darlegen, warum es inzwischen als erwiesen betrachtet werden kann, dass die Gülen-Organisation für den Putschversuch maßgeblich verantwortlich war, ohne dabei jeden zivilen Gülen-Anhänger zum Putschisten zu erklären.

Man müsste darstellen, welche Punkte im Zusammenhang mit dem Putschversuch weiterhin ungeklärt sind, und aufzeigen, wie die Staatsführung eine Aufklärung dieser Fragen zu unterbinden versucht; warum etwa jene Staatsanwälte, welche die Anklageschriften im Gülenisten-Hauptverfahren erarbeitet haben, von dieser Aufgabe entbunden wurden.

Man müsste die Frage aufwerfen, warum die türkische Staatsführung mit ihrem rigorosen Vorgehen gegen sämtliche Kritiker und den inflationären wie oftmals lächerlichen Gülen-Vorwürfen selber ihr – berechtigtes – Ansinnen unterläuft, alle Welt von der Gefährlichkeit der Gülen-Organisation und deren Verantwortung für den blutigen Umsturzversuch zu überzeugen. Beantworten müsste man die Frage, ob es Blindheit, Blödheit oder andere Gründe sind, die sie zu diesem Handeln veranlassen.

Und man müsste schließlich aufzeigen, wie das Erdoğan-Regime trotz oder gerade wegen seines fehlenden Willens zur lückenlosen Aufklärung daran arbeitet, den Putschversuch und den Widerstand dagegen in den Mittelpunkt eines neuen nationalistisch-islamischen Gründungsmythos zu stellen. Eine neue Erzählung, welche jene von der Gründung der modernen Republik durch Mustafa Kemal Atatürk im Jahr 1923 ablösen soll.

Doch nicht alles könnte man am Schreibtisch oder im nächstbesten Café erledigen. So könnte man nach Ankara fahren, um von dem Menschenrechtsdenkmal zu erzählen, wo der Grundschullehrer Semih Özakça und die Literaturwissenschaftlerin Nuriye Gülmen bis zu ihrer Verhaftung mit einem Hungerstreik gegen ihre Entlassung aus dem Staatsdienst protestiert haben; vom anhaltend brutalen Vorgehen der Polizei gegen ihre Unterstützer; von der Symbolkraft eines Menschenrechtsdenkmals hinter Polizeigittern.

Man könnte nach Diyarbakır fahren, um zu berichten, wie nach dem von der PKK angezettelten Häuserkrieg die historische Altstadt plattgewalzt wird und warum die angestammten Bewohner eine Vertreibung fürchten. Ins wunderbare Dersim, Tunceli mit amtlichem Namen, um über den Mord am Lehrer Necmettin Yılmaz zu schreiben, der sehr wahrscheinlich von der PKK ermordet wurde – und von den Protesten gegen diesen Mord. Nach İzmir, der Hochburg des säkularen Lebensstils, um zu erzählen, wie viele gut ausgebildete junge Türkinnen und Türken jede Hoffnung verloren haben und nach Wegen suchen, das Land zu verlassen – und von jenen zu berichten, die aus denselben Gründen aus anderen türkischen Städten hierherziehen.

Und ganz gewiss müsste man diese Woche zurück nach İstanbul kommen, um den Prozessauftakt gegen 17 Mitarbeiter der Tageszeitung *Cumhuriyet* zu verfolgen. Um zu sehen, wie Menschen, die nicht erst seit gestern mit publizistischen Mitteln gegen die Gülen-Organisation kämpfen, der Unterstützung dieser Organisation bezichtigt werden – auf Grundlage einer bizarren Anklageschrift, die maßgeblich von einem Staatsanwalt erstellt wurde, der selbst der Mitgliedschaft in eben dieser Organisation angeklagt wird.

Kurz: Als Journalist könnte ich mir in diesen Tagen keine interessantere und als Bürger dieses Landes keine sinnvollere Aufgabe vorstellen als diese. Ich sag's ja: Türkei-Korrespondent müsste man jetzt sein. Journalismus ist schließlich kein Verbrechen.

Die Nummer mit dem Sittich

»Wenn du das liest, verspürst du sofort Lust, dich in ein Gefängnis einliefern zu lassen«, sagte mein Vater Ziya, als wir bei einem seiner ersten Besuche im Hochsicherheitsgefängnis Silivri Nr. 9 über die passende Lektüre sprachen. Der Roman, den er auf so überzeugende Weise empfahl, stammt von Kemal Tahir, einem der bedeutendsten Vertreter der modernen türkischen Literatur.

Schon in der Vergangenheit mussten in diesem Land viele, sehr viele Künstler, Intellektuelle und Journalisten Erfahrungen mit Gefängnissen machen. So auch Tahir. 1938 wurde er verhaftet. Und so, wie die heutigen Machthaber behaupten, dass niemand wegen Journalismus eingesperrt würde, so bestritten auch ihre Vorgänger, Menschen wegen deren Überzeugungen oder Veröffentlichungen zu verfolgen. Was den heutigen Machthabern der Terrorvorwurf, waren früheren Beschuldigungen wie »Aufwiegelung zum militärischen Aufstand«. Dafür wurde Kemal Tahir gemeinsam mit Nazım Hikmet verurteilt, beide verbrachten zwölf Jahre in Haft.

In seinem Roman *Der Frauentrakt*, der bei meinem Vater einen solch bleibenden Eindruck hinterlassen hatte, verarbeitet Tahir seine Erlebnisse in der Haftanstalt Malatya, wo er nahe der Abteilung für weibliche Häftlinge einsaß. Es geht um die Türkei der Vierzigerjahre und die bange Frage jener Zeit, ob und an wessen Seite das Land in den Weltkrieg ziehen wird. Und es geht um die Stellung der Frauen in dieser Gesellschaft, erzählt anhand des Mikrokosmos eines Gefängnisses.

Doch selbst, wenn wir die nicht unwichtige Frage beiseite lassen, ob ich überhaupt das nötige Talent hätte – einen solchen Roman werde ich aus der Haft nicht schreiben. Gesellschaftsromane schreiben sich schlecht, wenn man so ganz ohne Gesellschaft ist.

Große Unterkünfte wie zu Tahirs Zeiten gibt es in der heutigen Türkei nicht mehr. In vielen Anstalten teilen sich bis zu 20, 30 Leute tagsüber einen Hof und vielleicht noch einen Gemeinschaftsraum. Und es gibt die »F-Typ« genannten Gefängnisse, zu denen auch Silivri Nr. 9 gehört. »F-Typ« bedeutet: Im besten Fall immer zu dritt. Und wenn man Pech hat, Einzelhaft. Ahmet Altan, der großartige Schriftsteller und zeitweilige Chefredakteur der verbotenen Tageszeitung *Taraf*, sitzt hier ein paar Reihen vor mir in einer Dreierzelle ein. Selbst ihm dürfte es schwerfallen, einen großen Silivri-Roman zu schreiben, der bei seinen Lesern die Lust weckt, den größten Gefängniskomplex Europas einmal von innen zu betrachten.

Allerdings ist es nicht so, dass ich in den Monaten, in denen ich meine Freiheit verlor, gar keine interessanten Begegnungen mit anderen Menschen gehabt hätte. Mit meinen Zellennachbarn kann ich mich durch Brüllen im Hof oder durch den Schlitz unter der Tür verständigen. Bei den gelegentlichen Transporten ins Krankenhaus treffe ich immer wieder Menschen. Die Polizeihaft verbrachte ich auf engstem Raum mit sehr unterschiedlichen Leuten. Doch die interessanteste Begegnung hatte ich im Gefängnis İstanbul-Metris, wo ich nach dem Hafturteil zwei Tage blieb, ehe ich nach Silivri verlegt wurde.

Der Block für politische Gefangene bestand aus rund zwanzig Einzelzellen sowie einem größeren Gemeinschaftsraum und einem gemeinsamen Hof.

Meine alte Freundin Doris Akrap, die am folgenden Tag zusammen mit meinem Anwalt Veysel Ok zum Gefängnis fuhr, aber an dessen Tor nicht vorbeikam, schrieb in der *taz*, Metris wirke wie »eines der staubigen Gefängnisse aus der TV-Serie *Homeland*«, vor dem sich »abgeranzte Cafés und Autowerkstätten« befänden; es sehe aus wie eine »typische Gegend hinter Bahnhöfen, wo illegal Drogen und Autos verkauft werden und abgefuckte Typen in Lederjacken auf irgendwas warten«. Genau diesen Cafés hatte der Pop-Folkmusiker Ahmet Kaya einst einen Song gewidmet – den Cafés und den Freunden, die dort warten. Das war in den Jahren nach dem Militärputsch von 1980, als Metris voller politischer Gefangener steckte.

Heute sitzen in diesem Gefängnis, in dem der Putz von den Wänden bröckelt und dem man, sofern man derlei über eine solche Einrichtung sagen kann, ansieht, dass es seine besten Tage hinter sich hat, nur gewöhnliche Straftäter. Politische Häftlinge werden hier manchmal übergangsweise einquartiert, ehe sie nach Silivri oder in eine andere Haftanstalt im Großraum İstanbul gebracht werden.

Um diese Durchreisenden kümmerten sich Ahmet und Cengiz. Als einzige ständige Insassen des politischen Blocks sorgten sie dafür, dass die Neuankömmlinge Frühstück, Tee und Zeitungen bekamen. Ahmet war ein Aktivist der HDP und seit einigen Monaten inhaftiert, Cengiz ein Kämpfer der PKK und seit 1996 im Gefängnis.

Er war 43 Jahre alt, als ich ihn kennenlernte. In seiner Heimat, der kurdisch-alevitischen Provinz Dersim, hatte er sich fast noch als Kind der PKK angeschlossen. Freiwillig, wie er versichert. Aus »emotionalen Gründen«, wie er sagt. Die Hälfte seines Lebens hat Cengiz im Gefängnis verbracht. Ein hagerer, dunkler Typ mit einnehmendem Lachen.

Im Februar 2015 unterzeichneten Vertreter der türkischen Regierung und der HDP im Dolmabahçe-Palast von İstanbul ein Abkommen, das den Weg zu einer dauerhaften Befriedung des Konflikts bereiten sollte, dem seit 1984 etwa 40.000 Menschen zum Opfer gefallen waren – zwei Jahre nach der Ausrufung des Waffenstillstands der nächste große Schritt. Zur Abmachung gehörte die Freilassung von einigen Dutzend kranken und sehr lange inhaftierten PKK-Leuten. Einige kamen daraufhin frei.

Auch Cengiz stand auf der Liste, denn er litt an Epilepsie. Im März 2015 erklärte HDP-Chef Selahattin Demirtaş in einer ebenso kurzen wie einprägsamen Rede, dass seine Partei Tayyip Erdoğans Pläne für ein Präsidialsystem durchkreuzen werde. Und womöglich hatte Erdoğan genau darauf – Frieden gegen Präsidialsystem – spekuliert. Seine prompte Antwort: Es gibt kein Kurdenproblem, keine Verhandlungen, kein Abkommen. Auch wenn es bis zum Juli dauern sollte, ehe wieder die Waffen sprachen – die Friedensverhandlungen hatten sich damit erledigt. Für Cengiz bedeutete dies: Seine Freilassung hatte sich erledigt.

Damit nicht genug, wurde er in den Wirren der Putschnacht vom Juli 2016 von Strafgefangenen angegriffen und erlitt eine schwere Rückenverletzung. Nun saß er im Rollstuhl. Erst danach wurde er nach Metris verlegt, wo er medizinisch behandelt wurde.

Aber so düster das alles klingt, war Cengiz ein fröhlicher Mensch. Und er hatte eine kindliche Freude daran, Neuankömmlinge zu erschrecken. Ahmet und er verfolgten, wer gerade festgenommen worden war und im Fall einer Verhaftung Zwischenstation bei ihnen machen würde. Cengiz erzählte mir, wie er einige Wochen vor unserer Begegnung meinen Freund Tunca Öğreten von der Online-Zeitung *Diken* und die mit ihm verhafteten Journalisten Mahir Kanaat und Ömer Çelik empfangen hatte: in der Rolle eines Dschihadisten, der von seinen Kriegsabenteuern in Syrien berichtete und zwischendurch alle »Ungläubigen« verfluchte. Während er mir dies erzählte, spielte er mal seine eigene Rolle nach, mit einer sägenden Handbewegung (»Das haben wir beim Islamischen Staat mit unseren Gegnern gemacht«), mal parodierte er das Entsetzen bei Tunca, Mahir und Ömer. Es war ihm ein großer Spaß.

Auch auf mich waren sie vorbereitet. Allerdings kam ich erst am späten Abend an, sodass sie mich nur von Fenster zu Fenster begrüßen konnten. Mir stellte sich Cengiz als Funktionär der extrem nationalistischen Grauen Wölfe vor. Doch ich hatte schon bei Recherchen in der anatolischen Provinz deren Vereinsräume besucht. Ahmet, der zu meiner rechten saß, ließ mir über einen an die Gitterstäbe am Fenster befestigten Flaschenzug heißen Tee und Kekse zukommen.

Ich freute mich sehr über diese Begrüßung, war froh, nach den 13 Tagen in Polizeihaft wieder rauchen zu können und suchte das Gespräch mit Ahmet, während ich dem vermeintlichen Grauen Wolf zu meiner linken kaum Beachtung schenkte – und Cengiz dieses Rollenspiel bald abbrach. Am nächsten Tag erörterten wir gemeinsam, mit welcher anderen Rolle er mich besser hätte erschrecken können, und er schien ein wenig enttäuscht, dass es bei mir nicht geklappt hatte.

Doch obwohl wir nur zwei Tage miteinander verbracht haben, habe ich ihn auch ganz anders erlebt, mit düsterer

Miene und zitternder Unterlippe: als er nämlich von den 54 Tagen erzählte, die er nach seiner Gefangennahme im ostanatolischen Ağrı auf dem Revier der Jitem verbracht hatte, einer Sondereinheit der türkischen Armee, deren Anfänge bis in die Sechzigerjahre zurückreichen und deren Existenz lange Zeit offiziell geleugnet wurde, bis man sie für aufgelöst erklärte. Das Vollzugsorgan des »Tiefen Staates«, spezialisiert auf das, was man bei der CIA »Besondere Kriegsführung« nennt: False-Flag-Aktionen, Folter, Mord.

Natürlich kann ich nicht mit Gewissheit sagen, ob Cengiz' Bericht der Wahrheit entsprach. Doch dass in der Türkei jener Zeit systematisch gefoltert wurde, erst recht in den kurdischen Gebieten, ist allgemein bekannt. Bei ihrem Amtsantritt im Jahr 2002 hatte die AKP versprochen, diese Praxis zu beenden, was ihr nicht vollständig, aber doch im großen Maße gelungen ist. Gewiss eine anerkennenswerte Leistung, die man allerdings auch anders interpretieren kann: Die alte Justiz, einschließlich der Militärjustiz der Putschjahre, dultete Folter, weil sie Geständnisse, also Beweise wollte. Die Justiz von heute verzichtet auf die Folter, weil sie auf Beweise verzichtet.

Doch all das ist abstrakt. Cengiz' Erzählung war konkret. Er schilderte die sadistischen Methoden und die Qualen, denen er selbst ausgesetzt wurde oder bei anderen ansehen musste, mit einer solchen Genauigkeit, dass ich davon Albträume bekam. Und ich sah seine Augen, als er von seinen Erlebnissen berichtete. Augen, die vom Unaussprechbaren sprachen.

Ich hatte zuvor schon mit Menschen gesprochen, die Folter erlitten haben, oder auch mit Überlebenden des Holocausts. Doch jetzt weiß ich: Man hört eine solche

Schilderung mit anderen Ohren, wenn man sich selbst in der Gewalt des Staates – eben dieses Staates – befindet.

Natürlich habe ich weder etwas auch nur annähernd Vergleichbares erlebt, noch musste ich dies befürchten. Aber in Cengiz' Erzählung gab es etwas, aus dem ich eine Lehre für meine eigene Situation zog und was mich am meisten an ihm beeindruckte: Cengiz erzählte, wie er noch inmitten der Tortur versuchte, die Gegenseite zu analysieren. Warum machen die das? Auf welche Gefühle in mir zielen sie? Welches seelische Leid bezwecken sie? Mit diesen Überlegungen versuchte er nicht nur, sich selbst zu schützen, sondern auch seinen Mitgefangenen zu helfen.

»Wenn es dir nicht gelingt, den Feind zu durchschauen, wenn du emotional so reagierst, wie es der Feind beabsichtigt, dann wirst du an der Folter zugrunde gehen«, sagte Cengiz. »Aber du kannst sie innerlich besiegen.«

Wir anderen fünf hörten schweigend zu. Doch dann scherzten wir wieder miteinander. Und natürlich redeten wir auch über Politik. Cengiz und die anderen fragten nach dem Interview, das ich im Sommer 2015 in den nordirakischen Kandil-Bergen mit dem PKK-Anführer Cemil Bayık geführt hatte und das einer von acht meiner Texte in der *Welt* war, mit denen das Untersuchungsgericht tags zuvor sein Hafturteil begründet hatte.

Ich erzählte von diesem Interview und von anderen Beobachtungen aus den vergangenen Monaten. Ich erläuterte, warum ich denke, dass die PKK einen gehörigen Anteil an der jüngsten Eskalation hat, und was ich nicht nur politisch falsch, sondern auch ethisch zutiefst verwerflich finde: den Krieg in den Städten, die Terroranschläge, bei denen sie zivile Opfer billigend in Kauf nimmt ... Cengiz widersprach bei ziemlich allem, und es war merkwürdig, wie dieser warmherzige und kluge Mensch plötzlich in den kalten Jargon eines Parteisoldaten verfallen konnte. Doch gerade in dieser Widersprüchlichkeit könnte Cengiz eine hervorragende Vorlage für eine Romanfigur abgeben.

Nur eines empfand ich bei den Gesprächen mit ihm als nervtötend – seine Wellensittiche, die zu jedem Wort, das wir wechselten, das ihrige kundtaten.

Normalerweise sind pro Häftling zwei Sittiche erlaubt. Cengiz besaß vier. Mit einer Sondergenehmigung. Und das kam so: Zuvor war er in einer kleineren Haftanstalt in der Provinz mit größeren Kontaktmöglichkeiten zwischen den verschiedenen Gefangenengruppen inhaftiert gewesen. Eines Tages kam ein junger Häftling aufgeregt zu ihm und erzählte, die Anrede für ältere Brüder verwendend: »Cengiz Abi, du magst doch Vögel. Da drüben bei den Kriminellen haben sie einen Wellensittich mit gebrochenem Flügel. Sie wollen den töten, weil er nicht mehr fliegen kann!« »Das sollen sie nicht«, antwortete Cengiz. »Sag denen: Wenn sie den Vogel nicht mehr haben möchten, dann sollen sie ihn mir geben.«

Die Kriminellen willigten ein. Doch der Sittich, den sie eben noch wegwerfen wollten, war in dem Moment, in dem sich jemand für ihn interessierte, zu einer kostbaren Ware geworden. Also verlangten sie im Austausch Zigaretten. Cengiz akzeptierte, was die Kriminellen dazu ermutigte, noch mehr zu fordern. Jetzt wollten sie auch noch Tee. Cengiz akzeptierte auch das, verlangte aber dafür den zweiten Sittich des Paars. Der Deal war perfekt.

Cengiz pflegte den Vogel gesund. Er konnte danach zwar nicht mehr gut fliegen. Aber in Sachen Zwitschern und Krach machen stand er den übrigen drei in nichts nach.

An diese Geschichte musste ich später oft denken. Nein, man wollte mich nicht töten, und ich will auch nicht gegen Zigaretten oder irgendwas anderes eingetauscht werden. Aber Cengiz und seine Sittiche sind eine Parabel, die hilft – Stichwort: Gegneranalyse –, meine Situation besser zu verstehen.

Denn das Regime, in dessen Gewalt ich mich befinde, ist zwar islamistisch und neuerdings auch nationalistisch. Doch das ist bloß ideologischer Überbau. Oder wem das zu ökonomistisch ist: All das ist nur Hobby. Hauptberuflich sind diese Leute in etwa das Gleiche wie die Häftlinge mit dem Sittich, nämlich Gangster. Dem Charakter nach halb Teppichhändler aus Kayseri, halb İstanbuler Parkplatzmafia.

Und so, wie für die einen Gangster der Sittich plötzlich etwas Kostbares wurde, weil sich jemand dafür interessierte, hat das Interesse der Bundesregierung und der deutschen Öffentlichkeit diese Leute auf die Idee gebracht, mich gegen etwas (oder gegen jemanden) einzutauschen.

Wäre es besser gewesen, wenn man in Deutschland zu meinem Fall geschwiegen hätte? Eine berechtigte, jedoch hypothetische Frage. Angesichts der politischen Gesamtlage, des bilateralen Verhältnisses und der Dynamik zwischen Politik und Medien hätte mein Fall niemals verschwiegen werden können. Und ich hätte das auch nicht gewollt.

Aber es hilft zu wissen, warum ich in die Fänge einer politischen Justiz geraten bin: Weil ich meinen Job als Journalist gemacht habe. Und weil dieses Regime so tickt wie die Typen im Knast mit dem Sittich. Und wer weiß, vielleicht ergibt sich daraus ja doch Stoff für einen

Roman. Nicht für einen Gefängnisroman. Aber für einen anderen Gesellschaftsroman, der bei seinen Lesern die Lust weckt, dieses trotz allem wundervolle Land einmal aus der Nähe kennenzulernen.

Unser Himmel
Von Dilek Mayatürk Yücel

Reden heißt, einen ganzen Schwarm Vögel fliegen zu lassen. Schreiben hingegen heißt für mich, du weißt es, geschulte Tauben loszuschicken. Ich war im Leben immer für die Sparsamkeit mit Wörtern, so wie ich es gelernt habe, meine Geduld sparsam einzusetzen.

Seit langem schon schicke ich meine Tauben absichtlich in verlassene Gegenden; adressiert an vereiste, verhärtete Herzen. Die Nachricht, die sie mit sich führen, besteht aus einem einzigen Satz: »Der Mann, den ich liebe, ist ein Journalist, der seinen Beruf mindestens so sehr liebt, wie ich ihn.«

Jeden Tag steigen so aus meinen Händen hunderte Tauben in die Luft. Bis du deine Freiheit zurückgewonnen hast, werden sie unermüdlich dieselbe Nachricht in die Welt tragen. Und ich habe es ihnen eingeschärft: Sie werden auf keinen Fall zurückkehren, ehe sie nicht die Herzen verschönert haben, auf denen sie gelandet sind.

Heute sind alle meine Tauben unterwegs. Nur eine habe ich noch in der Hand, und die schicke ich dir: »Wo auch immer du bist, strecke dein Haupt. Denn wir sind unter demselben Himmel. Strecke dein Haupt. Denn Deniz, mein Herz, unsere Himmel können sie nicht trennen.«

Textnachweise

Für die vorliegende Buchausgabe wurden sämtliche Beiträge vom Autor durchgesehen und teils geringfügig, teils stärker, aber stets bei Wahrung ihrer Historizität überarbeitet und von der Edition Nautilus lektoriert. Als Grundlage dienten die Onlinefassungen, die von den jeweiligen Printfassungen abweichen können. Sofern nicht ausdrücklich anders aufgeführt, ist hier das Datum der jeweiligen Online-Veröffentlichung genannt. Einige Textüberschriften entsprechen der Internetfassung, andere der gedruckten. Manche Überschriften wurden für diese Buchausgabe geändert.

Nachdruck mit freundlicher Genehmigung der Jungle World Verlags-GmbH, der taz-Verlags- und Vertriebs-GmbH und der WeltN24 GmbH.

Scheißefinden und Besserwissen

Mach's gut, taz!, *taz,* 30. März 2015, Kolumne *Besser*

Du ergreifst Partei, so oder so, *Die Welt,* 10. Juni 2015

Wie schreibe ich einen Profimeinungskommentar?, *taz,* 18. August 2014, Kolumne *Besser*

Mathe für Ausländer

Aber wir nix Menscherecht, *Jungle World,* 11. Mai 2005, veröffentlicht im Namen der Kunstfigur Bayram Karamollaoğlu

Mathe für Ausländer, *taz,* 12. Dezember 2014

»Ich geh ooch ma zum Döner«, *taz,* 16. Dezember 2014

Liebe N-Wörter, ihr habt 'nen Knall, *taz,* 22.April 2013, Kolumne *Besser*

Verfassungsschutz braucht Schutz, *Die Welt,* 5. August 2015

Die Welt ist kein Zoo, *taz,* 22. Mai 2012, Kolumne *Besser*

In Erinnerung an Celalettin Kesim, *taz,* 21. Januar 2015, Kolumne *Besser*

Nein, du darfst nicht, *taz,* 30. Juli 2014

Islam-Polizei, alles auf den Boden!, *Jungle World,* 24. November 2004

Kann ganse Welt komm, *Jungle World,* 16. August 2012, veröffentlicht unter Bayram Karamollaoğlu

Elf Söhne, *Jungle World,* 26. Juni 2008, veröffentlicht unter Bayram Karamollaoğlu, erschienen in einer Titelstrecke zum Thema »Homosexualität und Einwanderungsgesellschaft«

Super, Deutschland schafft sich ab, *taz,* 4. August 2011

Biokoks und Vokalmangel

Einmal Fair-Trade-Biokoks, bitte, *taz,* 8. Januar 2013. Dieser Text erschien in der zehntausendesten Ausgabe der *taz,* deren Autorinnen und Autoren dazu aufgefordert waren, einen Text zu schreiben, den sie immer mal schreiben wollten. Deniz Yücel nutzte die Gelegenheit für eine Reportage, in der Fakten und Fiktion verschwimmen.

Dienen bei den Schreibmaschinen, *taz,* 10. Januar 2015

Immer diese Märkte, *taz,* 19. Juni 2012, Kolumne *Besser*

Die Augen, der Geruch, die Eierstöcke!, *taz,* 22. Oktober 2013, Kolumne *Besser*

Sogar Hitler hatte mehr Ahnung, *taz,* 12. Juli 2010, Kolumne *Vuvuzela* Nr. 30. Dieser Abschluss der täglichen Kolumne zur Fußball-Weltmeisterschaft 2010 in Südafrika ist eine Collage aus Leserkommentaren und -zuschriften. Für *Vuvuzela* wurde der Autor mit dem Kurt-Tucholsky-Preis für literarische Publizistik ausgezeichnet.

Lasst die Bälle hüpfen!, *taz,* 24. Juni 2011, Kolumne *Trikottausch* Nr 1. Tägliche Kolumne zur Frauenfußball-Weltmeisterschaft 2011 in Deutschland

Warum ich DKP wähle, *Jungle World,* 24. September 2009, veröffentlicht unter dem Pseudonym Melis Vardar. Der Text erschien auf einer Seite, deren Autorinnen und Autoren dazu aufgefordert waren, eine Wahlempfehlung für eine Kleinpartei abzugeben.

FDP, du fehlst, *taz,* 6. Februar 2015, veröffentlicht in der Rubrik *Liebeserklärung*

Jasager, Ausrutscher, Saubermänner, *taz,* 3.Februar 2012

Demokratie ist, wenn's Ergebnis passt, *taz,* 28. Februar 2013

Spaghettis raus!, *taz,* 8. Mai 2014, tägliche Kolumne *Der Kommissar* zur Europawahl 2014

Bergiges Ödland bzw. ödes Bergland, *taz,* 22. Mai 2014, Kolumne *Der Kommissar*

Kriegsgrund: Vokalmangel, *taz,* 23. Mai 2014, Kolumne *Der Kommissar*

Dieses verdammte, beschissene »Aber«, *taz,* 8. Januar 2015. Die vorliegende Fassung folgt dem ergänzten

Nachdruck, der am 10. Januar 2015 in der *Welt* erschien. Hier erweitert um einen Gedanken aus: Je suis Kurde, *taz,* 13. Januar 2015.

Ein irres Land

Nieder mit manchen Sachen, *taz,* 11. Juni 2013

Ein irres Land, *taz,* 14. Juni 2013

»Große Sätze gehören allen«, *Die Welt,* 30. Mai 2015

Von Stalin zur Mülltrennung, *Welt am Sonntag,* 31. Mai 2015

»Ja, es gab interne Hinrichtungen«, *Welt am Sonntag,* 23. August 2015). Türkischsprachiger Nachdruck: *Birgün,* 24. August 2015. Obwohl das türkische Presserecht für Pressedelikte eine Verjährungsfrist von vier Monaten vorsieht, wurde dieses Interview im Februar 2017, anderthalb Jahre nach der Veröffentlichung, Deniz Yücel zum Vorwurf gemacht. Es ist einer von acht Artikeln aus der *Welt* bzw. der *Welt am Sonntag,* die im Hafturteil herangezogen wurden. Begründung: »Volksverhetzung« und »Propaganda für eine Terrororganisation«. Mit welcher Aussage genau Yücel sich schuldig gemacht haben soll, führte weder der Staatsanwalt in seinem Haftantrag noch der Untersuchungsrichter in seinem Hafturteil aus.

Der Krieg in den Städten, *Die Welt,* 24. September 2015

Tayyip, Tom Waits und die grünen Berge, *Die Welt,* 30. Oktober 2015

Islamismus plus Straßenbau, *Die Welt,* 2. November 2015. Der Text wurde vom Autor für diese Ausgabe stark überarbeitet und ergänzt.

Lisa Çalan und die Tragik einer Generation, *Die Welt,* 4. November 2015. Türkischsprachige Version: *Zete,* 5. November 2015

Im Olivenhain kurz vor Deutschland, *Welt am Sonntag,* 31. Januar 2016

Getrennt in Wut und Angst, *Die Welt,* 17. Juli 2016. Der Text wurde vom Autor für diese Ausgabe stark überarbeitet und ergänzt.

Der Putschist, *Welt am Sonntag,* 6. November 2016. Ein weiterer Text aus dem Hafturteil. In diesem Fall genügte dem Haftrichter die Überschrift (»Der Putschist«), um den Straftatbestand der »Terrorpropaganda« zu erkennen.

Korrespondent müsste man jetzt sein

Wir sind ja nicht zum Spaß hier, *Welt am Sonntag,* 26. Februar 2017. In der ausführlichen Vorbemerkung wird erstmals die besondere Entstehungsgeschichte erzählt. Zudem wird hier (S.188) zum ersten Mal eine Seite aus dem handschriftlichen Manuskript veröffentlicht.

»Damit wir nicht die Wolken berühren«, *Die Welt,* 24. Mai 2017

Korrespondent müsste man jetzt sein, *Die Welt,* 24. Juli 2017

Die Nummer mit dem Sittich. Erstveröffentlichung

Unser Himmel. Von Dilek Mayatürk Yücel. Erstveröffentlichung

Inhaltsverzeichnis

Vorwort von Doris Akrap — 5

Scheißefinden und Besserwissen
Texte über Journalismus — 11
Mach's gut, taz! — 11
Du ergreifst Partei, so oder so — 14
Wie schreibe ich einen Profimeinungskommentar? — 18

Mathe für Ausländer
Texte über Deutsche und Ausländer — 21
Aber wir nix Menscherecht — 21
Mathe für Ausländer — 23
»Ich geh ooch ma zum Döner« — 28
Liebe N-Wörter, ihr habt 'nen Knall — 34
Verfassungsschutz braucht Schutz — 40
Die Welt ist kein Zoo — 41
In Erinnerung an Celalettin Kesim — 46
Nein, du darfst nicht — 51
Islam-Polizei, alles auf den Boden! — 53
Kann ganse Welt komm — 55
Elf Söhne — 57
Super, Deutschland schafft sich ab — 59

Biokoks und Vokalmangel
Über Dieses und Jenes — 63
Einmal Fair-Trade-Biokoks, bitte — 63
Dienen bei den Schreibmaschinen — 68
Immer diese Märkte — 72
Die Augen, der Geruch, die Eierstöcke — 74
Sogar Hitler hatte mehr Ahnung — 76
Lasst die Bälle hüpfen! — 79
Warum ich DKP wähle — 81
FDP, du fehlst — 82

Jasager, Ausrutscher, Saubermänner	84
Demokratie ist, wenn's Ergebnis passt	90
Spaghettis raus!	93
Bergiges Ödland bzw. ödes Bergland	94
Kriegsgrund: Vokalmangel	96
Dieses verdammte, beschissene »Aber«	98

Ein irres Land
Über die Türkei — **103**

Nieder mit manchen Sachen	103
Ein irres Land	107
»Große Sätze gehören allen«	110
Von Stalin zur Mülltrennung	114
»Ja, es gab interne Hinrichtungen«	122
Der Krieg in den Städten	130
Tayyip, Tom Waits und die grünen Berge	137
Islamismus plus Straßenbau	143
Lisa Çalan und die Tragik einer Generation	148
Im Olivenhain kurz vor Deutschland	155
Getrennt in Wut und Angst	163
Der Putschist	167

Korrespondent müsste man jetzt sein
Texte aus der Haft — **185**

Wir sind ja nicht zum Spaß hier	185
»Damit wir nicht die Wolken berühren«	195
Korrespondent müsste man jetzt sein	199
Die Nummer mit dem Sittich	205

Unser Himmel. Von Dilek Mayatürk Yücel — **215**

Textnachweise — **217**

Aus unserem Verlagsprogramm

Deniz Yücel
TAKSIM IST ÜBERALL
Die Gezi-Bewegung und die Zukunft der Türkei
Broschur / 224 Seiten / ISBN 978-3-96054-046-5
Deniz Yücels brillantes Porträt einer Türkei im Aufbruch jetzt als überarbeitete Solidaritätsausgabe: »*Taksim ist überall* ist ein Buch über Gezi im Geiste Gezis, engagiert, humorvoll und romantisch.« *DIE WELT*

Unsichtbares Komitee
JETZT
Broschur / 128 Seiten / ISBN 978-3-96054-061-8
Jetzt ist ein Interventionstext. Er entwirft einen alternativen Weg zur verordneten stickigen Atmosphäre, plädiert für ein anderes Modell als Wahlen: für die Absetzung der Macht. Für neue Lebensformen und nicht für neue Verfassungen, für Verweigerung und Stille statt lärmender Proklamationen. Ein höchst aktueller Kommentar zur politischen Lage in Frankreich und Europa, zum Wiedererstarken des Faschismus und Widerstandsbewegungen gegen neoliberale Arbeitsrechtsreformen, Gipfeltreffen und andere Großprojekte.

Timo Daum
DAS KAPITAL SIND WIR
Broschur / 272 Seiten / ISBN 978-3-96054-058-8
Was würde Karl Marx zu Facebook und Twitter sagen? Ob es darum geht, die ganze Erde zu kartieren oder alle Freundschaften der Welt zu organisieren – im Digitalen Kapitalismus werden Algorithmen zur wichtigsten Maschine, Daten zum essenziellen Rohstoff und die Informationen, die wir preisgeben, zur Ware Nummer eins: Das Kapital sind wir!